dtv

Tom ist ein kleiner Junge mit klarem Weltbild: Aufräumen, Mädchen und Schlafen sind doof, Erziehungsberechtigte und Schule werden überbewertet und Regeln machen, wenn überhaupt, nur auf dem Bolzplatz Sinn. Während andere Kinder darauf gedrillt werden, ihre Eltern glücklich zu machen, verschönert Tom lieber Wahlplakate, sagt unliebsamen Verwandten und Ordnungshütern die Wahrheit und zieht einen Wettring mit Fußballbildchen auf.
Sein bekloppter Vater hat alle Hände voll zu tun, dem kindlichen Anarchismus Herr zu werden. Aber wer oft genug dem elitären Elterngetöse in deutschen Kinder- und Klassenzimmern gelauscht hat und die pädagogischen Sicherheitsfanatiker auf Spielplätzen und in Ratgebern kennenlernen musste, in dem reift die Erkenntnis: lieber Rabenvater als Tigermutter!

In rund vierzig Geschichten erzählt Jess Jochimsen liebevoll und komisch vom ganz normalen Wahnsinn der Kindererziehung.
Nicht für die Schule, sondern für das Leben lernen wir, heißt es – und das handelt nun mal weniger von Cellounterricht und Gymnasialempfehlung als vielmehr von der Beschneidung des besten Kumpels, vom Vorteil, ein Scheidungskind zu sein, und von einer Kuh namens Albert.

Jess Jochimsen lebt als Autor, Kabarettist und Fotograf in Freiburg. Seit 1992 tritt er auf allen bekannten deutschsprachigen Bühnen auf und erzählt dort lustige Geschichten, zeigt schlimme Dias und singt traurige Lieder. Wofür er immer wieder ausgezeichnet wurde, zuletzt mit dem Kleinkunstpreis Baden-Württemberg 2011. »Krieg ich schulfrei, wenn du stirbst?« ist sein sechstes Buch im Deutschen Taschenbuch Verlag.

Jess Jochimsen

»Krieg ich schulfrei, wenn du stirbst?«

Geschichten von einem chaotischen
Grundschüler und seinem Rabenvater

Mit Illustrationen von Jörg Mühle

Deutscher Taschenbuch Verlag

Von Jess Jochimsen sind im Deutschen Taschenbuch Verlag
außerdem erschienen:
Das Dosenmilch-Trauma (<u>dtv</u> 20370)
Flaschendrehen (<u>dtv</u> 20568)
DanebenLeben (<u>dtv</u> 21034)
Bellboy (<u>dtv</u> 21402)
Was sollen die Leute denken (<u>dtv</u> 14048)

**Ausführliche Informationen
über unsere Autoren und Bücher
finden Sie auf unserer Website
www.dtv.de**

Originalausgabe 2012
© 2012 Deutscher Taschenbuch Verlag GmbH & Co. KG,
München

Umschlagkonzept: Balk & Brumshagen
Illustrationen und Umschlaggestaltung: Jörg Mühle
Satz: Regina Leonhart, Freiburg
Druck und Bindung: C. H. Beck, Nördlingen
Gedruckt auf säurefreiem, chlorfrei gebleichtem Papier
Printed in Germany · ISBN 978-3-423-34715-0

Zwei Dinge sollen Kinder von ihren Eltern bekommen: Wurzeln und Flügel.

Johann Wolfgang von Goethe

Inhaltsverzeichnis

Die Sache mit dem Rückenmark 9

Was die Großmutter noch wusste 12

Wehret den Anfängen 18

Von mir hat er das nicht 21

Ägypten im Kinderzimmer 25

Die Spielplatz-Eltern 28

Sprechen, Laufen, Schlafen 32

Trinken 36

Kleine Einführung in den Kapitalismus 39

Eine Frage der Technik 42

Kindermund tut Wahrheit kund 46

Die Schatzinsel 50

Schönheit und Schrecken des Ferienendes 53

St. Martin auf Umwegen 57

Kleine Kunde von Neid und Missgunst 61

Vom Glauben abfallen und zurück 64

Am Anfang war das Bild 68

Das böse »i« 72

Aufräumen und Urlaub 75

Piratdeketiv 78

Zwei Wochen im Herbst. Ein Tagebuch 81

Wer solche Freunde hat ... 85

Familienpolitik 89

Mit Sicherheit 92

Sein schönstes Ferienerlebnis 96

Die Beschneidung 100

Behinderten-Kick 104

Blöde Eltern 107

Eine Kuh namens Albert 111

Traurige Tage in F. 115

Weihnachten damals und heute 121

Schlachtgesang des Rabenvaters 124

Hier spricht Tom 128

Bankenkrise 132

Wenn Eltern sprechen 136

Bio, Geo, Thüringen 140

Nur falsche Kleidung 145

Splitter zur Fastenzeit 149

Zum guten Schluss 153

Nachwort und Dank 157

Für Moritz und Anton

Die Sache mit dem Rückenmark

Mein Sohn Tom schießt den Vogel ab. Ich habe einen Hexenschuss und jammere, wie nur Männer es können, aber keiner hat Mitleid.

Meine Mutter: »Stell dich nicht so an!«

Meine Frau: »Wer hat denn behauptet, dass er den Schlafzimmerschrank locker alleine aufbauen kann?«

Mein Arzt: »Sie sollten nicht so schwer heben.«

Tom jedoch sagte: »Du hast wahrscheinlich zu viel ongarniert, davon schmilzt das Rückenmark.«

»Ich habe bitte was?«

»Zu viel ongarniert. Hat der Paul in der Schule erzählt. Wenn man das macht, kriegt man Kreuzschmerzen, weil das Rückenmark schmilzt. Was ist denn das überhaupt?«

»Das Rückenmark? Das kann ich dir erklären, mein Sohn.«

Und noch bevor er etwas sagen kann, halte ich ihm einen atemlosen Vortrag über jenen Teil des zentralen Nervensystems, der eine ganze Menge könne, aber nicht schmelzen, ein ausgemachter Unsinn sei das, und überhaupt solle er nicht alles glauben, was der Paul sagt, weil der nämlich von nichts eine Ahnung habe, und vom Ongarnieren schon gleich zweimal nicht, und abgesehen davon seien meine Schmerzen muskulärer Natur, wegen des gottverdammten Schlafzimmerschrankes, und jetzt raus!

Mein Sohn zieht verdattert von dannen und ich werde nachdenklich. Manche Dinge sind einfach nicht totzukriegen; schon zu meiner Zeit wurde man blind oder wahlweise blöd »davon«, und auch der »Rückenmarksschwund« fand häufige Erwähnung. Aber ein für alle Mal: Mit »Ongarnieren« hat das alles nichts zu tun.

Wobei das Wort schön ist, ich schlage es hiermit der Gesellschaft für Deutsche Sprache (die ihren Sitz aus unerfindlichen Gründen in Mannheim hat) als Neuerfindung vor: »*Ongarnieren* ist skandinavischen Ursprungs und bezeichnet die Illusion, hässliche schwedische Möbel eigenhändig montieren zu können; zieht Schiefhängen des häuslichen Segens und der Bandscheiben nach sich.«

Und jetzt ernsthaft: Irgendwann wird das »Rückenmark«-Thema wieder aufkommen, nicht sprachlich hoffentlich, sondern in Form von Flecken auf der Bayern-München-Bettwäsche meines Sohnes. Und ich weiß nicht, was ich dann schlimmer finden werde, die Flecken oder die Bettwäsche.

Allein, ich werde das tun, was aufgeklärte Eltern tun sollten: ohne weitere Worte das Laken abziehen, es in die Waschmaschine schmeißen und ein neues holen – aus einem Schrank, den ich einst unter Schmerzen ongarniert habe.

Was die Großmutter
noch wusste

Ab und an verbringt mein Sohn Tom ein paar Tage bei seiner Oma. Was völlig in Ordnung ist. Schließlich ist er naturgemäß das tollste Enkelkind der Welt und sie die beste Oma von allen, wenn man mal von der Tatsache absieht, dass sie eben auch noch meine Mutter ist, weswegen ich den Störfaktor Nummer eins in der Oma-Enkel-Beziehung darstelle, wir andauernd streiten und ich ohnehin in der Erziehung alles falsch mache: »So kannst du ihn aber nicht rumlaufen lassen!« »Kriegt der Junge überhaupt genug zu essen?« »Wie habe ich das mit dir damals nur geschafft?« Egal. »Tom soll es einmal besser haben.«

Der letzte Oma-Besuch allerdings wirkte nach.

»Papa«, sagt mein pädagogisch runderneuerter und pausbäckiger Spross, als ich ihn ins Bett bringe, »die Oma wollte mich immer mit Nägeln zudecken.«

»Sie wollte was?«

»Na, mich mit Nägeln zudecken.«

Meine Mutter hat zwar von autogenem Walfisch-gesang bis zu kosmischem Oberton-Stricken wenig an esoterischem Firlefanz ausgelassen, aber bei einem Fakir war sie meines Wissens noch nie. Tom erzählt denn auch, dass die Oma ihm zum Einschlafen immer »Guten Abend, gute Nacht« ins Ohr gebrüllt habe, und da gebe es doch diese Stelle: »Mit Röslein bedacht, mit Näglein bedeckt.«

Ich brauche eine geschlagene Weile, Tom zu erklären, dass es sich in dem Lied nicht um Nägel handele, sondern um Nelken, was Blumen seien, die sich zwar durch irgendwelches Zauberwerk in diese kleinen Piksedinger verwandelten, welche man aber nicht unter die Bettdecke, sondern in den Kuchen tue.

Als der Kleine dann schläft, kommt mir in den Sinn, dass meine Mutter mich seinerzeit auch mit diesem Lied zum Einschlafen bringen wollte; ebenfalls ohne Erfolg, allerdings wegen einer anderen Stelle: »Morgen früh, wenn Gott will, wirst du wieder geweckt.« Und wenn er nicht will? Kein Auge tat ich zu. Was, wenn er es vergessen würde, dachte ich damals, schließlich hatte er ja bestimmt auch noch anderes zu tun. Und irgendwann, so stellte ich mir vor, in hundert Jahren oder so, würde Gott auf seiner Wolke sitzen und ausrufen: »Verdammt, den hätte ich wecken sollen!«

Meine Mutter hat aber auch noch andere Erziehungsmaximen als Old-School-Schlaflieder auf Lager,

das exzessive Vorlesen von Märchen etwa. Und auch das blieb für Tom nicht folgenlos.

»Hast du dein Pausenbrot gegessen?«, frage ich ihn ein paar Tage, nachdem er von der Oma zurückgekehrt ist.

»Das ging nicht«, antwortet er.

»Wieso nicht?«

»Ich musste es auf dem Hinweg zerbröseln, wie Hänsel und Gretel, damit ich wieder nach Hause finde.«

Den ganzen Nachmittag warte ich auf einen Beschwerdeanruf aus der Schule, dass Tom versucht hätte, die Lehrerin in den Backofen zu schubsen ...

Damit muss Schluss sein, denke ich, und suche nach Gegenpädagogik.

»Schon mal darüber nachgedacht, dass die Vögel alle Brotkrumen aufpicken und dass zum Beispiel eine Schnur viel besser wäre?«

Hätte ich nicht sagen sollen. Heute Mittag gibt mir Tom mit den Worten: »Halt das mal und warte«, das eine Ende eines Paketbandes in die Hand und läuft, die Schnur abrollend, davon. Als mir das Warten nach einer Stunde zu blöd wird, folge ich dem Band. Es führt mich eine Straße weiter zum Haus von Toms Kumpel Paul. Mit Pauls Vater geht es entlang einer zweiten Schnur zu Felix und von dort zu Luka und so weiter. Kurz vor Einbruch der Dunkelheit stehen dann vierzehn Väter mit etlichen hundert Meter Paketband

auf dem Fußballplatz, sehen ihren Söhnen beim Ki-
cken zu und können einfach nicht böse sein – noch
nicht mal, als mein Sohn sagt: »Die Schnüre spannt ihr
schön wieder auf, sonst kommen wir nicht heim!«

Ein Schlaflied will Tom an diesem Abend übrigens
nicht.

Wehret den Anfängen

»Du musst augenblicklich damit aufhören«, schimpft die Oma, »sonst gerät Tom auf die schiefe Bahn.«

»Mutter«, sage ich, »er ist ein Kind!«

»Aber du weißt, wohin das führt«, schimpft die Oma weiter, »oder willst du, dass er so wird wie du?«

Ehrlich gesagt ja, aber das traue ich mich nicht auszusprechen. Nicht jetzt. Nicht in dieser prekären Situation. Das Problem ist: Mein Sohn Tom raucht.

Schuld daran ist eine Verkettung ungünstiger Umstände: falsche Freunde (Felix und Paul), ein schlechtes Vorbild (ich), eine Liberalisierung der Taschengeldpolitik (welche ausgerechnet die Oma forciert hat) und der Tante-Emma-Laden um die Ecke, der die vermaledeiten Kaugummizigaretten zu Spottpreisen auf den Markt wirft.

Fakt ist, dass Felix, Paul und Tom derzeit die angesagten Jungs des Viertels sind. Sie sind beliebt, cool und werden von den Nachbarmädels angehimmelt – echte

Raucher eben. Fakt ist aber auch, dass wir vor dem pädagogischen Problem »Wehret den Anfängen« stehen, denn wenn die Oma sich einmal in ein Thema verbissen hat, lässt sie so schnell nicht locker.

»Mutter«, versuche ich es, »nicht jedes Kind, das eine Spielzeugpistole hat, wird später Polizist oder Mörder oder tritt einem Schützenverein bei. Und genauso verhält es sich mit Kaugummizigaretten.«

»Papperlapapp, du weißt ganz genau, dass er dich nachahmt!«

Das stimmt nicht, denke ich, denn mein Sohn schleicht sich zum Rauchen nicht auf den zugigen Balkon oder heimlich auf die Restauranttoilette wie sein Vater, Tom frönt seiner Sucht lässig in der Öffentlichkeit. Ich bin stolz auf ihn. Sagen tue ich das nicht.

»Ich habe dir diese Kaugummidinger damals jedenfalls nicht erlaubt«, sagt die Oma.

»Hat aber auch nichts genützt«, sage ich.

»Jetzt hör doch auf«, sagt sie, »wer ist denn schuld an der Raucherei?«

»Die Amerikaner«, sage ich, »Kolumbus hat den Tabak nach Europa gebracht.«

»In Amerika ist Rauchen überall verboten«, sagt sie, »du solltest dir ein Beispiel daran nehmen.«

»Kommt in Deutschland auch noch so«, sage ich, »und bis dahin finanziert die Tabaksteuer deine Rente.«

»Ein solches Argument ist eines mündigen Demokraten unwürdig«, sagt sie.

»Die einzige Errungenschaft der Demokraten in der 1848er-Revolte war die Raucherlaubnis«, sage ich, »und die Demokraten von heute vergeigen das jetzt.«

»Und wenn sie dadurch Tom vom Rauchen abhalten«, sagt sie, »dann wähle ich die sogar!«

Zum Glück müssen wir solche Dispute in Zukunft vielleicht nicht mehr führen, denn Tom hat uns eröffnet, dass er mit dem Gedanken spiele, das Rauchen aufzugeben und stattdessen Profiseifenkistenfahrer zu werden. (Pauls Vater, ein militanter Nichtraucher übrigens, hat den Jungs ein schlittenähnliches Gefährt gebaut, mit dem sie in einer vorgefertigten Bahn mit Höllenkaracho den Berg hinuntersausen können.)

»Du musst Tom das verbieten«, schimpft die Oma, »das ist viel zu gefährlich.«

Ich verkneife mir den Kommentar, dass bei der ersten Winterolympiade den Bobfahrern das Rauchen noch ausdrücklich erlaubt war – und zwar während des Fahrens. (Ein tolles Bild: Die saßen, mit Frack und Zylinder, in ihren tollkühnen Kisten, ratterten rauchend gen Tal und sahen in erster Linie gut dabei aus!)

»Du weißt doch, wohin das führt«, schimpft die Oma weiter, »oder willst du, dass er so wird wie der Hackl Schorsch?«

»Das wird nicht passieren, Mutter«, sage ich lächelnd, »vertrau mir.«

Dann drücke ich lässig die fertig gerauchte Kaugummizigarette aus.

Von mir hat er das nicht

Wenden wir uns einem echten Tabuthema zu, einem, über das man nur hinter vorgehaltener Hand spricht, wenn überhaupt, einem schmutzigen Thema, einem »Untenrum«-Thema. Die Rede ist von Männerfüßen. Jawohl, Männerfüße! Kein schönes Sujet, ich weiß, aber die meisten Jungs haben nun mal zwei davon, da hilft kein Wehklagen, Weggucken oder Nasezuhalten, sie sind in der Welt, sie tragen uns durch diese und wollen von daher gehegt, gepflegt und vor allem umhüllt sein.

Nicht, dass ich falsch verstanden werde, ich rede nicht von Männerbeinen, denen man gelegentlich eine gewisse Ästhetik zugestehen kann – wenn es sich nicht gerade um die von Piratenkapitänen, Lohnbuchhaltern oder Pierre Littbarski handelt. Nein, ich rede von »Füßen«, jenen beiden sich ganz unten am Manne befindlichen platten, hornbehäuteten und streng riechenden Stellflächen, die oft bis zu einem halben

Meter lang werden, damit das zu tragende Gebilde nicht vornüberkippt. (Und auch von den Zehennägeln, oder sagen wir, wie es ist, »Krallen«, und deren notwendiger Stutzung will ich nicht schweigen.)

Die Zeit, in der mein Sohn Tom süße, winzige Füßchen hatte, deren liebliche Nägelchen er bisweilen mit seiner Mutter Nagellack bezaubernd färbte, ist lang vorbei. Tom ist jetzt ein Junge, und auch wenn er auf den ersten Blick noch ein kleiner Fratz ist, glauben Sie mir, ganz untenrum ist er bereits ein Mann.

»Die hat er nicht von mir«, sagt meine Frau mit Bestimmtheit, wenn das Tabuthema anklingt, oder, wenn es sich verschärft: »Ausgerechnet deine hässlichen, blöden Schweißfüße musste er erben!«

In Bezug auf Toms Intellekt, Aussehen, Sportlichkeit und Sprachmacht ist meine Frau mit meinem Erbgut durchaus zufrieden; bezüglich seiner Pedanterie, seines Jähzorns und seiner Mathematikschwäche schieben wir uns den schwarzen Peter gegenseitig zu, aber was die Füße angeht, gibt es nichts zu leugnen. Tom hat meine. Aber ist das ein ausreichender Grund, mir dieses leidige Thema alleine zu überlassen? Für meine Frau ja: »Er hat deine Füße, also kümmerst du dich auch darum. Basta!«

Oh, wie ich Zehennägelschneiden hasse! Schon bei mir mache ich das ungern, aber bei Tom ist es schier ein Ding der Unmöglichkeit, Zehennägelschneiden bei Söhnen ist grauenhaft, ist Folter. Regelmäßig müssen

Tom und ich uns nach durchstandener Pein mit viel Süßigkeiten und Dauerfernsehen dafür belohnen (zur großen Freude meiner Liebsten).

Selbstredend fallen auch das Waschen der Füße sowie der Schuhkauf in meinen Zuständigkeitsbereich. Wobei Tom und ich wirklich unschuldig sind, es passiert einfach, wir können nichts dafür, dass wir regelmäßig das Bad unter Wasser setzen und ausschließlich mit hippen Turnschuhen und schicken 100%-Polyester-Winterstiefeln aus dem Laden kommen (zur noch größeren Freude meiner Liebsten).

Nebenbei: Herbst und Winter sind keine guten Jahreszeiten für Männerfüße. Des Geruchs wegen. Sommer ist allerdings auch nicht besser, weil man die Füße da öfter sieht – eine ausweglose Situation.

Zumindest wenn's ganz heiß ist, habe ich mir angewöhnt, in Flip-Flops zu gehen – ja, Männer können mit dem Makel der Hässlichkeit leben –, weil Tom nur so zum gelegentlichen Tragen von Sandalen zu bewegen ist.

Letzten Sommerurlaub ist mir allerdings beim hektischen Umsteigen auf dem Frankfurter Hauptbahnhof der eine Schlappen aufs Gleis gefallen und war für immer verloren.

»Kann man nichts machen«, sagte ich, war zwar das Gespött der Leute, durfte aber in Turnschuhen weiterreisen.

Was machte mein Sohn?

Öffnete bei der nächsten Haltestelle die Zugtür, pfefferte eine Sandale aufs Gleis und grinste frech: »Kann man nichts machen.«

»Also von mir hat er das nicht«, war das Einzige, was meine Frau zu sagen imstande war.

Irgendwann wird Tom auf eigenen Füßen stehen, bis dahin werden wir mit dem »Untenrum«-Problem leben müssen. Nase zu und durch!

Ägypten im Kinderzimmer

Wenn mein Sohn Tom genervt ist, verdreht er die Augen. Ist er aber aufgeregt, verdreht er die Wörter. Er sagt zum Beispiel:

»Ich kann jetzt mein Zimmer nicht aufräumen, ich bin schon mit Paul abverredet.« So was.

Einer von Toms schönsten Wortdrehern ist »Pymariden«. Sie verstehen, oder? Die »Pymariden«, diese dreieckigen Häuser, welche die »Gypter« für die »Faronen« gebaut haben.

Herrlich. Nach den Dinosauriern und den Rittern sind bei uns jetzt nämlich die alten Ägypter dran, was zwar historisch Unsinn, für Tom aber logisch ist. Sprachschöpferisch ist es ein Eldorado: Die »Ä-gyp-ter« mit ihren »Pha-ra-o-nen-Dy-nas-ti-en«, »Py-ra-mi-den«, »Hie-ro-gly-phen« – da ist kaum ein Wort dabei, das unfallfrei den Kindermund verlässt.

Ich liebe es, mit Tom das Ägypten-Buch zu lesen, wenn er mir stolz die Grabkammer von »Tuti Amun«, die »Schpinx« oder die »Koops-Pymaride« zeigt. Aufgeklärte Eltern und Pädagogen mögen mir vergeben, aber ich kann ihn nicht verbessern, es ist zu schön, zu sprachmächtig, zu kreativ – so leid es mir um den jungen König Tutanchamun oder um Cheops, den gewaltigen Herrscher der 4. Dynastie tut, aber die »Pymaride« des »Koops« ist einfach unschlagbar.

Allein, Kinder wollen nicht nur reden, sie wollen spielen – und Spielen macht Unordnung.

»Tom«, sagte ich vor einer guten Woche, »denk dran, dass du noch aufräumen musst.«

»Geht jetzt nicht, ich bin mit Paul abverredet.«

»Aber Paul kommt erst in einer Stunde, da könntest du doch jetzt dein Zimmer aufräumen.«

»Nein, ich muss vorbereiten, wir spielen Beerdigung.«

Das ist der Nachteil, wenn der Sohnemann in der Ägypter-Phase ist. Für Tom besteht diese Zeit nämlich vor allem aus prunkvollen Bestattungsritualen, bei denen der Herrscher alles Wichtige mit ins Grab bekommt, auf dass er es bis in die Ewigkeit schön gemütlich habe. (Der Herrscher ist derzeit übrigens »Ramsi II.«. Wer sonst.)

Um die Geschichte etwas abzukürzen: Paul kam an besagtem Tag vorbei, verschwand mit Tom im Kinderzimmer und ich war wohl etwas abgelenkt. Als es dann verdächtig ruhig wurde und ich deswegen nach dem Rechten sehen wollte, gab es das Kinderzimmer nicht mehr. Die Wände waren über und über mit kunstvollen »Higolyfen« beschmiert, Schreibtisch, Stuhl und Schrank bildeten eine gewagte Dreieckskonstruktion und der Rest befand sich im Stockbett: Kuscheltiere, Spielzeug, Eisenbahn, die halbe Vorratskammer, die Panini-Sammlung, der Schulranzen, der Fußball, einfach alles. Und inmitten dieser Grabbeigaben lag Tom und ließ sich von Paul gerade mit Sonnencreme einbalsamieren. Die »Pymaride« des »Chaos«!

Ich gebe zu, dass Stolz und Wut in mir rangen, dann aber verwandelte ich mich historisch korrekt in Alexander den Großen und zerschlug das ägyptische Reich, damit alles wieder seine Ordnung hatte.

Die Spielplatz-Eltern

Normalerweise neige ich nicht zu Misanthropie, aber es gibt einen Menschenschlag, dem ich vielleicht nicht mit Hass, aber doch sicher mit ordentlichem Widerwillen gegenüberstehe, von dem ich sogar meine, man sollte sich tunlichst von ihm fernhalten, was leider nicht ganz einfach ist, speziell, wenn man Kinder hat.

Ich spreche von den sogenannten »Spielplatz-Eltern«, jenen Erziehungsberechtigten, die ihre Freizeit (und davon haben sie viel) immer und ausschließlich auf Spielplätzen verbringen.

Es gäbe viele schöne Orte, die man mit Kindern aufsuchen könnte, aber nein, der Spielplatz muss es sein. Spielplätze sind vernünftig, ungefährlich und in Laufentfernung.

Also wird hingegangen. Immer.

»Komm, wir gehen auf den Spielplatz«, säuseln die Spielplatz-Eltern ihren Kindern zu, »da kannst du so schön spielen.«

Eine glatte Lüge: Das tumbe Rumsitzen auf langweiligen, TÜV-geprüften Wippgeräten im Rindenmulch hat mit Spielen nichts zu tun. Und etwas anderes dürfen die Kinder von Spielplatz-Eltern nicht. Sie könnten sich verletzen – oder noch schlimmer: schmutzig werden. Auch »Spaß haben und sich mit anderen Kinder anfreunden« (häufig vorgebrachte Argumente für den Gang auf den Spielplatz) ist für die Kinder ausgeschlossen. Die Kernsätze der Spielplatz-Eltern lauten: »Bist du wohl lieb zum Benedikt!«, »Nicht den Sand essen, das ist bäh!« und: »Die Lotte-Marie mag es nicht so, wenn man sie ständig an den Haaren zieht.« (Nicht zu vergessen den heiligen Dreiklang: »Komm sofort da runter!«, »Schluss jetzt!«, »Geh weg von dem Kind!«)

Wegen der Kinder wird der Spielplatz ja auch nicht aufgesucht, Spielplatz-Eltern gehen ausschließlich dorthin, um andere Spielplatz-Eltern zu treffen und sich mit ihnen über die Vorzüge von Stoffwindeln, frühkindlicher Mehrsprachigkeit und Muttermilch zu unterhalten. Habe ich das schon erwähnt? Die Spielplatz-Eltern stillen ihre Kinder, bis sie acht sind, und dann gibt's Körner!

Und wehe, es taucht mal ein Stückchen Schokolade auf, dieser Bruch der sakrosankten Spielplatz-Essregel wird aufs Schärfste geahndet und mit einer dreistündigen Belehrung in Sachen sinnvoller Ernährung bestraft.

Die Kinder können einem leidtun, die Eltern nicht!

»Das Kind ist unglaublich weit für sein Alter ... und so neugierig, so lebendig.«

»Sarah, nicht auf den Boden kacken!«

»Ich kann mir das Leben ohne Kind gar nicht mehr vorstellen, für mich ist das eine derartige Bereicherung.«

»Schluss habe ich gesagt! Wenn du jetzt nicht sofort aufhörst, gehen wir auf der Stelle heim!«

Ja, wenn sie ihre Drohung nur mal wahr machten ...

Übrigens ist es keineswegs so, dass Spielplatz-Eltern in der Mehrzahl Frauen wären. Patchwork, Sabbatjahr, Erziehungsurlaub und Arbeitslosigkeit machen es möglich, dass auch immer mehr Männer zu alles kontrollierenden Leittier-Vätern mit Crocs und zwanghaft guter Laune mutieren.

»Komm, Erik-Xavier, Papa will noch mal schaukeln!«

Die Folge ist, dass der Spielplatz zur munteren Partnerbörse wird.

»Kommst du öfter hierher?«, fragt der sich selbst inszenierende Super-Daddy zwanglos und die Spielplatz-Mutti strahlt.

Was für ein toller Mann, denkt sie, und er kann so gut mit Kindern ... Selten war die Kontaktaufnahme einfacher, wobei die Kinder natürlich eingebunden werden:

»Lena, magst du dich nicht mit dem Torben anfreunden? Das ist doch ein ganz Netter, der kommt
oft mit seinem Papa hierher.«

Und dann öden sich die Kinder im Sandkasten an,
während die Eltern Pädagogiktipps, zuckerfreie Reis-
waffeln und Telefonnummern austauschen.

»Wir sehen uns morgen auf dem Spieli!«

Macht ihr nur. Ich habe mir angewöhnt, mit
meinem Sohn Tom nachts auf den Spielplatz zu gehen. Für Tom ist das ein großes Abenteuer und für
mich: Erholung.

Sprechen, Laufen, Schlafen

Wenn Eltern zusammensitzen und sich mehr oder weniger stolz über ihren Nachwuchs unterhalten, tauchen drei Fragen immer auf:

a) Ab wann hat dein Kind durchgeschlafen? b) Wann konnte es laufen? c) Was war sein erstes Wort?

Ich verweigere meist die Antwort, weil ich im Reigen der Erinnerungen an frühkindliche Superschläfer, Spitzensprinter und Allessprecher keinen Platz für mich und Tom sehe ... Was nicht heißt, dass ich nichts dazu zu sagen hätte. Manchmal (okay, oft), wenn mein Sohn Tom sich nachts in mein Bett kuschelt, weil er nicht alleine schlafen will, erinnere ich mich sogar gern:

Als Tom ein gutes Jahr alt war (okay, ein sehr gutes), konnte er laufen und reden. Genau genommen lief er besser, als er redete, was nicht so schwer war, weil er noch nicht so viel redete. Ganz genau genommen sagte er eigentlich nur ein einziges Wort, nämlich »Nana«.

Ja, »Nana«. Das konnte er dafür sehr gut. »Nana« in allen Tonhöhen und Varianten. Manchmal war es nicht so einfach rauszufinden, was er gerade meinte, aber so viel hatte ich schnell raus: »Nana!« mit einem Ausrufezeichen hieß »Apfelsaftschorle«, und »NANA!!« mit zwei Ausrufezeichen und lauter bedeutete »Schokoladenkeks«. Ein wenig kluger Elternsatz war daher: »Nein, du kriegst jetzt kein Nana!!«

Denn dann folgten so viele »NANAs«, bis alle Umstehenden dachten, hier geht ein Kinderschänder mit einem geraubten Baby spazieren, und spätestens dann setzte sich Tom durch.

»Nana« konnte übrigens auch ein Verb sein. Wenn Tom in die Ferne deutete und »Nana« sagte, wollte er laufen. Oder besser: Laufen üben. Er lief dann ein paar Schritte, fiel auf die Nase und schrie wie am Spieß. Dann brauchte es eine Menge »Nana!« und »NANA!!«, um ihn wieder zu beruhigen.

Leider kann ich mich nicht erinnern, was ich gesagt habe, als ich so klein war, aber ich glaube, es muss schön gewesen sein. Die ganze Welt ist ein Laut, und alle verstehen einen. Beeindruckend fand ich das schon, für Tom war der Kosmos »Nana«: Häuser, Bäume, Autos, mein Handy, einfach alles »Nana«.

Nur Hunde nicht, die waren »Wau«. Ich habe keine Ahnung, warum dem so war. Seine Welt bestand aus einem Haufen »Nana« und Hunden. (Hilfe, mein Kind brabbelt Blödsinn, und richtig laufen kann es auch noch nicht!) Manchmal wünschte ich mir, dass Tom das Sprechen so erlernt wie das Laufen. Ein falsches Wort und, patsch, fliegt er hin. Es wäre schneller gegangen.

Noch mehr wünschte ich mir allerdings, dass Tom besser einschläft. Das war (okay, und *ist*) ein großes Problem. Eigentlich hätte er vom vielen Laufen- und Sprechen-Üben so müde sein müssen, dass er auf der Stelle die Augen zumacht. War aber nicht so.

(Ja, ich kenne die Fachliteratur, ›Jedes Kind kann schlafen lernen‹ und so weiter. Fazit: meins nicht.)

Vielleicht lag es daran, dass Tom beim Laufen nicht sprach und das dann abends nachholen musste. Er lag in seinem Bettchen, hielt seinen Stoffhund fest im Arm und erzählte ihm, wie der Tag gewesen war. Und ich musste auch zuhören, sonst gab es viel Geheule und »Nana«. Der Stoffhund war im Übrigen eindeutig ein »Wau«, trotzdem nannte Tom ihn »Nana!!!«. Also logisch war das alles nicht.

Wenn Tom stundenlang so dalag und brabbelte und nicht einschlafen wollte, wurde ich oft sehr sentimental und überlegte, wie ich all das Unheil der Welt von ihm abhalten könnte. Gerade Stofftiere betreffend. Ich hatte nämlich auch mal eins, den »Teddy-Freddy«, und obwohl er nur noch ein Ohr und keine Augen mehr hatte, war er mein liebstes Tier. Wenn man dem Stoffbären auf den Bauch drückte, brummte er, und das vertrieb die bösen Träume. Teddy-Freddy

hatte ich von meinem Opa bekommen. Als Entschä-
digung. Der Opa hatte mich einmal mit ins Kino genommen, in ›Bambi‹, und auf dem Rückweg ein Reh
totgefahren.

Irgendwann brummte Teddy-Freddy dann nicht
mehr.

»Er hat bloß Bauchweh«, sagte mein Opa, aber
nach der Cola-Therapie und der nötig gewordenen
Operation sah Teddy nicht mehr gut aus. Opa sam-
melte die Holzwolle ein und sagte, er werde das schon
wieder hinkriegen. Ich sah Teddy-Freddy nie wieder.

Jedes Mal entsann ich mich dieser Geschichte und
dachte, dass ich auf den Stoffhund gut aufpassen
muss und dass man ohnehin nicht vorsichtig genug
sein kann, dachte ich mir, und dass der heutige Film-
trash auch sein Gutes hat, weil man Pokemons nicht
überfahren kann.

Wie ich so vor mich hin dachte, war es meistens
weit nach Mitternacht, und ich verließ auf Zehenspit-
zen Toms Zimmer. Durch die Tür hörte ich dann ein
leises, aber bestimmtes »Nana« – und bis heute frage
ich mich, mit wie vielen Ausrufezeichen das jetzt ge-
meint war.

Trinken

Weil ich ohnehin schon dabei bin, in Erinnerungen zu versinken, fällt mir ein, dass »Sprechen«, »Laufen« und »Schlafen« seinerzeit nicht die einzigen Themen waren, die rege diskutiert wurden, sondern auch »Essen« und »Trinken«. Vor allem Letzteres.

Wenn junge Eltern zusammensitzen, trinken sie – und reden darüber. Bisweilen fühlte sich das Zusammensein im Bekanntenkreis an wie ein Angehörigentreff der Anonymen Alkoholiker.

»Chris ist endlich trocken« war ein Satz, der beispielsweise gerne gesagt wurde, stolz, aber auch beiläufig, im Wissen, dass ihn die anderen nur zu gut verstanden, schließlich entstammte man demselben Milieu. Jeder wusste, dass damit die Probleme noch lange nicht gelöst waren.

Es klang, als sagte man ein Wondratschek-Poem auf: »Früher begann der Tag mit einer Schußwunde.«

»Chris ist jetzt trocken. Ich musste einfach was machen, sonst hätte ich das nicht mehr ausgehalten.«

Die anderen nickten und wussten: In der ersten Zeit wird es noch Rückfälle geben, ab und an, einmal im Quartal oder so.

»Er hat aber einfach auch zu viel getrunken – vor allem abends«, hieß es dann, »damit ist jetzt Schluss!«

»Ja, ja und dann immer diese Sauerei, das kann einen kaputt machen, weißte das?«

»Oh ja, und die Leute fangen an zu reden. Nein, lieber hart durchgreifen, bevor es zu spät ist.«

Schlimme Bilder tauchten auf, Bilder von zerrütteten Familien, fertigen Männern, heulenden Frauen, einem Leben im gesellschaftlichen Abseits.

»Und mit Toleranz kommste da nicht weit, hör mir auf mit dem ganzen Ratgeber- und Therapiekram, das musst du durchziehen, das musst du wollen!«

»Genau. Ich hab das meinem auch gesagt: Ab heute hört das auf, Schluss, Ende, Amen. Und als er dann doch noch mal ... na, du weißt schon ... richtig volle Lotte, dann hab ich's ihm echt unter die Nase gehalten und gebrüllt: Schau, was du wieder angerichtet hast!«

»Wem sagst du das? Aber jetzt ist er ja trocken.«

Natürlich war mir klar, dass nicht über Chris senior gesprochen wurde – bei dem das, nebenbei bemerkt, nicht unberechtigt gewesen wäre –, sondern über den ein paar Monate alten Junior. Allein schon die Tatsache, dass dieser sogar noch jünger war als mein Sohn Tom, sorgte bei mir für Verunsicherung und Verzweiflung. Ich dachte: Wie soll ich das nur hinkriegen? Ich kann nicht so hart sein wie die anderen. Ich will das auch gar nicht. Auf der anderen Seite ... irgendwann muss Tom ja ebenfalls lernen, ohne Windeln zu leben, bei Chris hat es doch auch geklappt, und selbst wenn der jetzt fünf Mal die Nacht aufwacht, er wird es seinen Eltern danken – später, wenn er laufen und sprechen kann.

Regelrecht panisch wurde ich. – Er. Muss. Jetzt. Trocken. Werden. – Vor meinem geistigen Auge sah ich mich bereits meinen volljährigen Sohn wickeln und hörte mich sagen: »Schau, was du wieder angerichtet hast ... Aber morgen kommt die Windelfee, okay?«

Und Tom antwortete: »Halt die Klappe, Pa, und zurr die Pampers fester, ich brauch den Stoff!«

Es war Tom selbst, der mir – ich weiß auch nicht genau, wie – die Angst nahm. Wenn ich ihm beim Zubettgehen voller Sorge einen Klaps auf seinen Windelpopo gab, kuschelte er sich an meinen Arm und guckte mich lächelnd an, als wollte er sagen: »Mach dir keinen Stress, Papa, es ist einfach viel entspannter so. Ein bisschen Droge muss sein – wenn die Zeit reif ist, hör ich auf.«

Und damit nahm er einen tiefen Zug aus seinem Fläschchen.

Kleine Einführung in den Kapitalismus

Mein Sohn Tom ist nicht nur frech, sondern tut von Zeit zu Zeit auch dumme Dinge. (Also in meinen Augen dumm, nicht in seinen.) Das dümmste dieser Dinge ist das Füttern von Parkuhren.

Ich halte das im Kopf nicht aus, aber Tom macht es Spaß: Er schmeißt sein sauer verdientes Taschengeld in Parkuhren. Natürlich nur, wenn die Uhren leer sind und da auch ein Auto steht. (Ganz dumm ist er ja schließlich nicht ...) Und ich bin schuld daran, weil ich ihm das mal erklärt habe: Wenn man auf einem Parkplatz mit Parkuhr parkt und die Uhr ist leer, habe ich ihm erklärt, dann muss man da Geld einwerfen, sonst gibt's einen Strafzettel.

Vielleicht hätte ich betonen sollen, dass es Sinn macht, wenn es sich um das *eigene* Auto handelt. Jetzt wirft Tom nämlich Geld in alle leeren Parkuhren, an denen er vorbeikommt. Sofern da ein Auto steht.

»Damit's keine Strafe gibt«, sagt er stolz und treibt mich damit in den Wahnsinn. Die Ausnahme bilden gelbe Autos, die kriegen kein Geld, weil Tom *Gelb* nicht mag. Ansonsten gilt die Regel: Je größer das Auto, desto mehr Geld wirft Tom in die Uhren. Es macht mich rasend.

»Tom, das ist einfach nur dumm!«

»Ist es nicht. Alles muss seine Ordnung haben. Außerdem isses mein Geld!«

Was habe ich nur falsch gemacht? Mein Sohn ist ein Ordnungsfanatiker und finanziert Bonzen das Parken! Mit *seinem* Taschengeld!! Welches er *von mir* erhalten hat!!!

Natürlich habe ich versucht, ihn davon abzubringen – ohne Erfolg. Tom *will* dumm sein. Auf seinem Schulweg passiert er täglich eine kleine Einkaufsstraße mit fünf gebührenpflichtigen Parkplätzen, das ist sein Revier. Das hält er sauber. Zur großen Freude der Politesse, die dort Dienst tut.

»Hier brauchst du nicht mehr hinzukommen«, sagte er ihr neulich stolz, »da schmeiß ich immer Geld ein.«

»Das ist aber nicht der Sinn der Sache«, sagte sie.

»Doch. Sonst müssen die Strafe zahlen.«

»Ja, das sollen die auch!« Die Politesse wurde richtig ärgerlich; und Tom frech:

»Aber es ist ja wohl nicht verboten.«

»Das nicht«, schnaubte die Ordnungshüterin, »aber ich bin dann arbeitslos!«

»Such dir doch eine andere Straße!«

»Wenn ich dich noch einmal erwische, setzt's was!«

»Du bist ja noch nicht mal ein richtiger Polizist!«

Dann rannte Tom weg, und es brauchte meine ganze Charmanz, die Sache wieder geradezubiegen ...

Zu Hause ließ ich meinem Ärger dann freien Lauf, stellte Tom ob seiner Frechheit ein ganzes Strafregister inklusive Taschengeldsperre in Aussicht und erklärte ihm darüber hinaus die grundlegende Regel des Kapitalismus, nach der man seine eigene Kohle gefälligst gewinnbringend anzulegen hat und nicht dumm zum Nutzen anderer!

Tom zeigte sich einsichtig und erzählte mir ein paar Tage später, dass er das jetzt machen würde mit der Kohle, auch würde er nicht mehr die Politesse abpassen, sondern die Leute, für die er Geld in die Parkuhren eingeworfen habe. Sehr nett seien die und verdienen würde er auch dabei. (Weil die ihm immer was zusteckten.)

Irgendwas mache ich grundlegend falsch.

Eine Frage der Technik

Es gibt Tage, vor denen man sich als Vater fürchtet; zum Beispiel der Tag, an dem der Sohn die Welt der technischen Geräte entdeckt.

Und ich meine damit nicht den Tag, als mein Sohn Tom versuchte, eine Scheibe Toastbrot in den CD-Spieler zu stopfen – das hat er gemacht, als er zwei Jahre alt war. Nein, ich meine den Tag, an (und ab) dem er die Geräte *benutzte*.

Aber man kann das nicht verhindern. Im Gegenteil. Die Kinder müssten einen »souveränen Umgang mit Technik« erlernen, hat die Lehrerin gesagt.

Tom hat das Lernziel bereits erreicht: Er ruft seinen Freund Paul mit dem *Telefon* oder gerne auch mit dem *Handy* an, wenn er mit ihm spielen will; er spielt am *Computer,* wenn Paul nicht kann; er macht den *iPod* lauter, wenn er überhören will, dass er ins Bett muss; er stellt den *Wecker* aus, wenn er nicht aufstehen möchte.

Ziemlich souveräner Umgang mit Technik ...

Es war also nur eine Frage der Zeit, dass er wissen wollte, *wie* die Geräte funktionieren. Und vor diesem Tag habe ich mich am meisten gefürchtet, dem Tag, da Tom fragt: »Papa, wie geht Radio?« Oder: »Papa, wie kommen die Menschen auf den Bildschirm?« Ich weiß so was nämlich nicht. Und ich kann das also auch nicht erklären. Ich gehöre zu den Menschen, die wollen, dass Technik funktioniert, ich will nicht wissen, *wie!*

Die Frage, mit der Tom mich dann konfrontierte, war die schlimmste überhaupt: »Papa, wie funktioniert ein Fax?«

Ausgerechnet das Fax! Faxen ist Zauberei!! Man steckt ein Blatt Papier ins Gerät, und obwohl es dableibt, kommt es woanders wieder raus ... Unmöglich. Faxen kann man nicht erklären!!!

Hätte Tom nicht mit dem Telefon beginnen können? Vielleicht hätte ich da was gerissen? Ich hätte von »Schallwellen« reden können und dann zwei Joghurtbecher als Trichter mit einer Schnur verbunden. So hat mein Vater das einst gemacht und ich war sehr beeindruckt. Aber nein, das Fax musste es sein! Steck mal ein Blatt Papier in den Joghurtbecher ...

»Tut mir leid, mein Sohn, ich weiß es nicht.«

Es tut weh, wenn man als Vater versagt.

Dann fiel mir aber der »souveräne Umgang mit Technik« wieder ein.

»Weißt du was, Tom«, sagte ich, »zumindest, wie man das Faxgerät *bedient,* kann ich dir zeigen. Wir schicken Paul ein Fax. Und fragen, ob sein Papa das nicht erklären kann, ... weil der ist Informatiker.«

Gesagt, getan. Tom passte genau auf, wie rum man das Blatt einlegen muss, welche Nummer man wo eintippt und so weiter. Alles klappte.

Und dann warteten wir. Wir warteten lange.

»Das dauert halt«, sagte ich, »Faxen ist ... eine altmodische Technik.«

Mir war auch klar, dass Pauls Papa nicht ständig am Fax steht, aber ich wollte Tom die Freude nicht verderben. Also schickte ich Pauls Papa irgendwann heimlich eine SMS, er solle mal in sein Fax schauen. Prompt bekamen wir Antwort, Tom solle einfach rüberkommen, faxte Pauls Papa zurück.

»Um sechs bist du wieder da«, sagte ich noch, und dann grämte ich mich, dass nun ein anderer Vater von meinem Sohn bewundert werden würde. Ich grämte mich lange. Sehr lange. Dauert halt, dachte ich, so ein Fax ist nicht so schnell erklärt, auch wenn's eine altmodische Technik ist.

Erst um halb neun kam Tom nach Hause.

»Und?«, fragte ich.

»Was und?«

»Äh, ... was ist nun mit dem Fax?«

»Pauls Papa hat gesagt, es reicht, wenn man's bedienen kann.«

»Und das hat bis jetzt gedauert?«

»Nö. Wir haben dann noch Computer gespielt.«

»Dann hättest du aber Bescheid sagen müssen, dass es später wird.«

»Hab ich doch. Guck mal in deine E-Mails.«

Es gibt Tage, vor denen fürchtet man sich als Vater zu Recht.

Kindermund tut Wahrheit kund

Nach einer gefühlten Ewigkeit kommt demnächst meine Tante Gundel mal wieder zu Besuch. Gundel ist reich, aber geizig, und ihren Besuchen haftet immer etwas Schwieriges an. Ich weiß das so genau, weil mein Sohn Tom bei Gundels letztem Besuch gerade sechs geworden war, und ab dem Alter von sechs Jahren werden Kinder zum Lügen erzogen, schließlich müssen sie dann überall Eintritt bezahlen.

»Pass mal auf«, sagte Tante Gundel zu Tom, als wir seinerzeit an der Kasse des Tierparks anstanden, »und merk dir das gut: Wenn dich der Mann am Ticketschalter fragt, wie alt du bist, dann sagst du, du bist fünf, ja?«

Tante Gundel bezahlte den Eintritt, der Mann am Schalter fragte Tom nicht nach seinem Alter, also musste Tom auch nicht antworten. Glück gehabt, dachte ich, denn ich bin mir sicher, Tom hätte »sechs« gesagt. Weil er stolz war, sechs zu sein, außerdem können Kinder nicht lügen. Das weiß jeder, das wissen auch Tierparkeintrittskartenverkäufer, aber dieser war einfach nett, glaube ich, und wollte Tom die Pein des Flunkerns ersparen.

Tante Gundel freute sich auf jeden Fall über den gelungenen Coup und spendierte Tom zur Belohnung ein Eis.

So läuft das. Und das schöne Sprichwort »Kindermund tut Wahrheit kund« bröckelte, wankte – allein, gefallen ist es nicht.

Tante Gundel machte nämlich den verhängnisvollen Fehler, Tom auf einer Bank am Löwengehege auf ihren Schoß zu bitten, ihn an ihren imposanten Busen zu drücken und leicht spuckefädenziehend die Frage zu stellen:

»Hast du denn die Gundel lieb?«

Tom sagte wahrheitsgemäß: »Nein.«

Tante Gundel gab ihm eine zweite Chance und tat, als sei sie schwerhörig:

»Wie bitte?«

Also sprach Tom lauter.

»NEIN!«

»Aber Tom«, sagte Tante Gundel mit gespieltem Lächeln, »so was sagt man doch nicht.«

Gedacht aber hat sie definitiv: »Verzogener Saubengel, von mir erbst du keinen Cent!«

Auch ich sagte mit gespielter Strenge:

»So was sagt man wirklich nicht, Tom!«

Und dachte: »Yeah! Das ist mein Sohn! Scheiß aufs Erbe!«

Bei den Affenkäfigen redete ich ihm dann allerdings doch noch ins Gewissen:

»Tom, so unhöflich darfst du wirklich nicht sein.«

»Wenn's doch stimmt.«

»Ja«, wand ich mich, »aber, Tom, man sagt das ... nicht so direkt.«

Am Ausgang des Tierparks ging Tom dann schnurstracks zum Ticketschalter, und ich hörte noch, wie er meinte:

»Ich wollte nur sagen, ich bin ... nicht so direkt fünf.«

Tante Gundel reiste noch am selben Tag ab. Und ich war sehr stolz.

Ob sich Gundel noch an diese Begebenheit erinnert, werden wir bei ihrem jetzt anstehenden Besuch sehen. Ich allerdings weiß, dass mich die Sache noch lange beschäftigt hat, obwohl sie letztlich banal und wohl allen Eltern in der einen oder anderen Form bekannt ist. Trotzdem: Das Sprichwort kommt nicht von irgendwoher. Kinder lügen nicht – sie lernen es, im Elternhaus, im Kindergarten, in der Schule.

»So was macht man nicht«, wurde auch mir, als ich klein war, immer wieder und deutlich zu verstehen gegeben.

Wie auch immer. Ich wurde ein guter Schüler, und irgendwann in der Pubertät konnte ich dann flunkern, dass sich die Balken bogen; ich kam ganz gut durch damit. Die Einzigen, die meine Lügen immer durchschauten, waren meine Eltern. Folgende drei Sätze, zum Beispiel, haben nie funktioniert:

1) »Das war vorher schon kaputt.«

2) »Ich übernachte bei 'nem Kumpel, Mutter.«

3) »Das sind echt nur so Pflanzen, Papa.«

Meine Eltern durchschauen mich übrigens bis heute, sie sind, was mich betrifft, lebendige und unfehlbare Lügendetektoren.

Hoffentlich bin ich das auch mal, wenn Tom »ausgelernt« hat.

Die Schatzinsel

In unserer Straße wird gebaut. Genauer gesagt: In Bälde wird da ein Haus hochgezogen werden. Bislang ist da einfach ein großes, tiefes Loch. Der zukünftige Keller unserer zukünftigen Nachbarn.

Für meinen Sohn Tom und seine Freunde ist es jedoch *Die Schatzinsel*. Was völlig logisch ist, schließlich kann man in dem Loch herrlich graben und ab und an sammelt sich dort Regenwasser, Meer ist also auch da – und die Geschichte vom jungen Jim Hawkins und dem Piraten Long John Silver kennen die Jungs eh in- und auswendig.

Anfangs war das ein sehr harmonisches Kinderspiel, denn alle wollten Long John Silver sein. Also trugen alle einen langen Mantel, ein Kopftuch und hatten nur ein Bein sowie eine Baulatte als Krücke. So humpelten sie friedlich in der Baugrube rum, tranken Apfelsaft-Brandy und suchten nach einem Phantasieschatz. So weit, so gut. Ein bisschen kreativer könnte das Ganze sein, dachte ich, aber ehrlich gesagt habe ich mich auch nicht mehr so richtig gekümmert.

Ich wurde noch nicht mal stutzig, als Tom sagte: »Wir spielen jetzt schon besser Schatzinsel, Papa. Wir haben nur noch vier John Silvers, weil ich bin jetzt Jim Hawkins und Felix ist der Schiffsarzt.«

Geht doch mit der Kreativität, dachte ich, wobei ich, als ich klein war, ebenfalls Jim am liebsten mochte, und der Papa von Felix ist Mediziner – wie der Vater, so der Sohn. Egal.

»Papa«, fragte Tom dann noch, »der Jim sitzt doch in einem Apfelfass. Wie baut man so was?«

»Euch fällt schon was ein, Sohnemann, seid kreativ.«

»Und, Papa, der echte John Silver, der hatte doch einen Papagei auf der Schulter, oder?«

»Ich glaube ja, warum fragst du?«

»Nur so.«

Wir hätten es ahnen können, aber gemerkt haben wir es erst, als ich die Winterreifen suchte, zur gleichen Zeit der Vater von Felix seinen Notfall-Arztkoffer nicht finden konnte, die alte Frau Becker von gegenüber ihrem entflogenen Kanarienvogel nachtrauerte und etliche Mütter das Fehlen von Vasen und Besteck beklagten ... So viel zum Thema Kreativität.

Aus der Baugrube stieg Pulverdampf auf, Gefechtslärm und Schreie hallten durch die Straße, Jim Hawkins steckte brüllend im Autoreifen-Apfelfass fest, der Schiffsarzt versorgte die Verletzten mehr als authentisch, Long »Paul« Silver jagte seinen völlig hysterischen Kanarien-Papagei ... und der schlammige Boden war übersät mit dem Tafelsilber unserer Straße.

Wir Eltern taten, was zu tun war. Wir räumten auf und schimpften mit unseren Kindern. Tags drauf begannen in der Grube die Bauarbeiten.

Aber erst als der Beton fest war, zeigte mir Tom weinend eine vergilbte Schatzkarte, deutete auf ein rotes Kreuz und schniefte: »Da, da ... Mamas Ohrringe. Nicht petzen, bitte.«

Mein Sohn Tom und ich haben jetzt eine Leiche im Keller, unsere zukünftigen Nachbarn dagegen einen Schatz.

Schönheit und Schrecken
des Ferienendes

Mein Sohn Tom hat in den Ferien einen tollen Satz gesagt. Es war so: Wir bummelten durch die Stadt und gingen Eis schleckend eine Weile hinter einem Mönch her, dessen hervorstechendstes Körpermerkmal eine feuerrot glänzende Glatze mit beachtlichem Haarkranz drum herum war. Während ich im Geiste versuchte, meinem urlaubsbedingt lahmgelegten Hirn die Information abzuringen, was es noch mal mit der mönchsüblichen Tonsur auf sich hat, sagte Tom grinsend: »Guck mal, Papa, dem Mann wächst der Kopf durch die Haare.«

Es soll ja Eltern geben, die das Ende der Sommerferien herbeisehnen, damit die Blagen endlich wieder einem geregelten Tagesablauf nachgehen und zumindest sechs Stunden verräumt sind. Ich gehöre nicht zu diesen Eltern, für mich könnten die Ferien ewig dauern.

Glaubt man allerdings den Zahlen, haben die erst-
genannten Eltern mehr als recht, denn laut Statistik ist
»In-den-Urlaub-Fahren« die »drittstressigste Familienaktivität in Deutschland«. (Nur »eine Scheidung« und
»der Tod eines Ehepartners« sind angeblich stressiger,
wobei ich inständig hoffe, dass dergleichen niemand
als »Familienaktivität« betreibt.)

Sei's drum. Wir sind ohnehin zu Hause geblieben
und hatten es von daher wunderbar entspannt. Nicht
zuletzt, weil Tom eh die meiste Zeit auf dem Fußballplatz verbrachte (wenn er nicht gerade Eis schleckend
und bummelnd tolle Sätze sagte).

Um mich aber zumindest etwas auf den geregelten
Alltag vorzubereiten, habe ich meinen Kleiderschrank
ausgemistet. Das mache ich zwar immer zum Ende der
Sommerferien, allerdings habe ich die letzten Male
wohl etwas geschludert, denn ich zog mindestens ein
halbes Dutzend Hemden mit weißgelblichem Fleck an
der Schulter hervor, die ich schon Jahre nicht mehr ge-
tragen hatte und längst hätte wegschmeißen sollen.

Sie wissen schon, Herrenhemden mit diesem un-
auswaschbaren Fleck an der Schulter, jenem inter-
nationalen Erkennungsmerkmal junger Väter (ver-
ursacht durch eine leckere Mixtur aus Muttermilch
und Babybrei, die die geschulterten Kleinen abson-
dern, während die stolzen Papas stundenlang doof
durch die Gegend latschen und auf das erlösende
Bäuerchen warten). Schnell in den Altkleidersack

damit, bevor's die Liebste sieht und auf dumme Gedanken kommt. (Zugegeben, kurz schoss mir selbst der »Los-lass-uns-Geschwisterchen-und-neue-Flecken-auf-Hemden-machen«-Gedanke durch den Kopf, aber zugleich auch: Warum nicht so ein altes Hemd anziehen, mich auf dem Kinderspielplatz von einer gutaussehenden Jungmutter als Eingeweihter erkennen lassen und ein bisschen flirten? Ich Schuft! Das muss am Sommer liegen.)

In diesem Zusammenhang fällt mir ein:

»Papa, wenn man ein Kind will, braucht man ein Mädchen, oder?«

Hat Tom mich gefragt, und er wollte darüber hinaus wissen, was man da genau machen müsse, und ob die Mama und ich das auch machen würden und die Nachbarn und überhaupt. Ich will das gar nicht weiter ausführen und erwähne es hier nur, weil es mit folgender zukunftsweisender Ferienabschlussgeschichte zu tun hat.

Toms Freunde Paul und Felix waren zu Besuch, und wie wir so zwischen zwei Fußballmatches Eis schleckend die Zeit verbummelten, platzte mein Sohn plötzlich heraus: »Ich will auch mal Kinder!«

Alle sahen ihn entgeistert an. Dann sagte Felix: »Dann musst du dich aber in ein Mädchen verknallen, und das ist voll eklig.«

»Das stimmt«, sagte Tom ernst, »aber was soll ich machen? Ich will mal Fußballer werden.« Diesmal sagte keiner was, weswegen Tom die großartige Erklärung nachschob: »Fußballer brauchen Kinder. Zum Ins-Stadion-Einlaufen!«

Na, das kann ja heiter werden – aber bitte nicht so bald! Meinetwegen dürfen bis dahin gerne noch viele Sommerferien vergehen.

(Vielleicht sollte ich die Fleckenhemden doch aufheben.)

St. Martin auf Umwegen

Mein Sohn Tom bringt immer wieder sprachlichen Unrat von der Schule mit nach Hause. Das reicht von Schimpfwörtern über schmutzige Reime bis hin zu völlig unverständlichen Slangausdrücken. Erstere werden von mir geahndet, Letztere lassen mich fassungslos zurück.

Tom sagt Dinge wie »Pupsbacke« oder »Windelgesicht«. Ich verbiete ihm das. Tom sagt, dass in der Schule alle so reden. Ich sage, dass das kein Grund ist und was denn seine Lehrerin dazu meint. Tom sagt: »Ach die, die ist doch total Moped!« Wie bitte!? Wenn Tom besonders witzig sein will, sagt er: »Papa, sag mal Klettergerüst.«

Ich: »Klettergerüst.«

Er: »Du hast 'ne nackte Frau geküsst.«

Dann lacht er sich kaputt. Worauf ich sage, dass nackte Frauen küssen toll ist, besonders, wenn es sich um seine Mutter handelt.

Tom sagt: »Argh!«

Ich frage, ob die Mama auch »total Moped« sei.

Tom: »Die doch nicht, die ist schlock.«

Verstehe das, wer will.

Letztens hat Tom nun ein schlimmes Lied von der Schule mit nach Hause gebracht, eine unflätige Verballhornung des St.-Martins-Liedes.

Bevor sich jemand aufregt ... ich kann da nichts dafür. Kinder sind so oder die Schule ist dran schuld oder weiß der Geier. Von mir hat er das jedenfalls nicht.

Aber ich muss zugeben, dass ich das Verhohnepiepeln gerade von Liedern oder Gedichten spannend finde, denn sie entstehen wie aus dem Nichts, sie sind einfach irgendwann da, keine Ahnung, wer sich die ausdenkt.

Ein Beispiel: Vor längerer Zeit – noch im Kindergarten – sollte Tom ›Leise rieselt der Schnee‹ singen. Natürlich sang er:

»Leise rieselt die Vier / auf das Zeugnispapier / hör nur wie lieblich es schallt / wenn Papas Ohrfeige knallt!«

Unfassbar! Tom war im *Kindergarten!* Er hatte keine Ahnung, was ein »Zeugnis« überhaupt sein könnte, geschweige denn, dass er je eine Ohrfeige von mir erhalten hat. Aber das Lied war da, das habe ich als Kind sogar schon gesungen.

Wahrscheinlich sind die Verballhornungen so alt wie die Originale selbst, die Frage lautet demnach:

Wer bringt sie den Kindern immer wieder bei (wenn ich es nicht bin)?

Und das Fatale daran ist: Man behält die Umdichtungen besser im Gedächtnis als das Original, Schillers »Bürgschaft« zum Beispiel:

»Zu Dionys, dem Tyrannen schlich / Damon, den Dolch im Gewande ...«

Noch heute kommt mir als Erstes der legendäre Reim in den Kopf: »Was willst du mit dem Dolche? Sprich! / Kartoffeln schälen, stör mich nicht.«

Habe *ich* als Kind von der Schule mit nach Hause gebracht und mein *Vater* kannte es noch aus *seiner* Kindheit in den 5oer-Jahren. Wo kommt das her?

Im Lexikon steht: Schillergedichte, aber auch Volkslieder, gehörten zur »Hochkultur«, ihnen käme von daher »Deutungshoheit« zu, also »Macht«. Man *müsse* sie auswendig lernen. Darauf reagierten die »Beherrschten«, also die Kinder, durch »Umdeutungen niederkultureller Art«.

So weit die Wissenschaft. Verballhornungen sind also »Machtkritik«. Toll, nicht?

Wobei das jetzt alles keine Entschuldigung sein soll für das schlimme St.-Martins-Lied, das Tom aus der Schule mitgebracht hat. Es muss neueren Datums sein, *ich* zumindest kannte den Text noch nicht. Festhalten und los geht's:

»Sankt Martin, Sa-hankt Martin, Sankt Martin ritt durch Pommes und Salat / sein Ross blieb stehn vorm

Cola-Automat. / Sankt Martin warf die Münze ein / und trank die Cola wie ein Schwein.«

Es tut mir wirklich schrecklich leid, aber Tom und seine Freunde haben das so gesungen. Und sie können Dutzende Strophen:

»Im Schnee – da, im Schnee – da, im Schnee – da saß ein reicher Mann / hat Kleider an wie Supermann.«

Es ist ja wohl die Höhe!

»Oh, hilf mir doch in meiner Not / und schmier mir ein Nutel-la-brot.«

Entschuldigung, aber bei aller gebotenen Machtkritik: Das will ich beim Martinsumzug dann doch nicht hören! Also habe ich die Nutella weggesperrt und mit Tom und den Jungs Hochkultur gepaukt, weil die nämlich wirklich »schlocker« ist:

»Ich geh mit meiner Laterne / und meine Laterne mit mir.«

Das ist in sich schlüssig. Und das kann keiner verballhornen.

Tom: »Der Umzug ist doch total Moped!«

Ich: »Nein, mein Sohn, der ist Rabimmel Rabammel Rabumm!«

Kleine Kunde von Neid
und Missgunst

Kurz vor Weihnachten standen wir vor einem ausgewachsenen pädagogischen Problem: Mein Sohn Tom brauchte ein Geschenk für die Schule und wollte nicht.

Die Sache war die, dass – wie jedes Jahr im Advent – in Toms Klasse »gewichtelt« wurde. »Wichteln« geht so: Jeder zieht bei einer Auslosung den Namen eines Mitschülers, und für den muss er sich ein Weihnachtsgeschenk ausdenken; und natürlich bekommt er auch eines – von irgendjemand anderem. Das Ganze bleibt anonym. Oder fast. Man weiß zwar nicht, von wem man beschenkt wird, wohl aber, wen man beschenkt.

Und da lag das Problem. Tom hatte Carina zugelost bekommen. Und die mag er nicht. Carina ist zickig und doof und ein Mädchen, was alles dasselbe ist. Er wollte kein Taschengeld für sie opfern. Nicht einen Cent.

Am liebsten hätte er ihr gar nichts geschenkt, aber das ging nicht.

»Dann kriegt sie eben was Blödes«, sagte er, »was zu ihr passt.«

Nacheinander schlug er erst einen Stein vor, dann einen einzelnen rosa Holzbuntstift und schließlich die Barbiepuppe ohne Kopf und Arme, die seine Cousine mal bei uns vergessen hat.

»Tom, das kannst du nicht machen«, sagte ich.

»Klar kann ich.«

»Aber du willst doch selber auch was Schönes bekommen, oder?«

Tom überlegte kurz, dann sagte er:

»Schau mal, Papa, hätte ich *Paul* gezogen, würde *er* was Schönes kriegen. Und wenn Paul *mich* gezogen hat, krieg *ich* was Schönes. So ist es gerecht.«

»Und wenn *Carina* dich gezogen hat?«

»Krieg ich was Blödes – und sie auch. Auch gerecht.«

»Und wenn jetzt alle was Schönes kriegen, nur Carina nicht?«

»Dann ...«, Tom überlegte wieder, »dann ist da ein Fehler im System.«

Als ich den »Wichtel-Hinweis-Zettel« der Lehrerin las, den sie allen Eltern geschickt hatte, musste ich ihm fast beipflichten. »Denken Sie bitte an Neid und finanziell schwächer Gestellte«, stand da in gedrucktem Dummdeutsch, »liebevolle Kleinigkeiten« sollten verschenkt werden, »nicht teurer als zwei Euro«, »aber kein Ramsch«, »nichts aus Plastik«, »nichts mit Waffen«, »unaufwendig verpackt, gerne in Naturschutzpapier« und so weiter. Also doch der rosa Holzbuntstift!

Tom brachte es unübertroffen auf den Punkt:

»Bei den *Simpsons* im Fernsehen haben sie auf der Weihnachtsfeier ihre Popos kopiert, und wir müssen blöd wichteln!«

Aber eine Lösung hatte er auch:

»Weißt du was, Papa? Ich schenke Carina etwas, was *ich* mag. Und wenn's ihr nicht gefällt, kann sie ja mit jemand anderem tauschen.«

Und so schenkte er ihr – unaufwendig naturgeschützt verpackt – fünf Fußballbildchen, die er doppelt hatte.

Abschließend sei erwähnt, dass das »Wichteln« in der Schule die reinste Tauschbörse wurde, auch Tom tauschte seinen unterirdischen Biene-Maja-Spitzer gegen einen mittelprächtigen Ökonotizblock mit Garfield-Motiven.

Sehr zufrieden allerdings war Carina, die sammelt nämlich überraschenderweise Fußballbildchen.

Tom hat sich sogar – Zeichen und Wunder – mit ihr verabredet. »Doppelte gucken.«

Das neue Jahr kann kommen.

Vom Glauben abfallen und zurück

Das neue Jahr kam und mit ihm neuer Kummer. Zum einen wollte Tom nicht zum Frisör, sondern lange Haare wie der Fußballer Thorsten Frings, zum anderen zum Katholizismus übertreten.

Aber der Reihe nach.

In Toms Schule ist das Fach *Religion* dreigeteilt: Es gibt »katholisch«, »evangelisch« und »konfessionell nicht gebunden«. Oder wie die Kinder sagen: »Kartoffeln«, »Elefanten« und »nix«.

Tom ist »nix«, trotzdem geht er zu den Elefanten, also in den evangelischen Religionsunterricht. Meistens zumindest. Es sei denn, die Kinder, die »nix« sind, basteln etwas extrem Tolles oder dürfen spielen, dann geht er dahin, weil er ja eigentlich auch »nix« ist ... (Außerdem sind dort die meisten anderen langhaarigen Frings-Fans, aber das ist das andere Problem.) Jetzt eröffnete er mir dies:

»Ich will zu den Kartoffeln.«

»Tom«, sagte ich, »du kannst nicht andauernd hin und her wechseln.«

»Ich will aber!«

»Wieso denn?« Ich gebe zu, dass ich etwas ärgerlich war, aber seine Begründung haute mich um:

»Weil die Kartoffeln beichten dürfen.«

»Was?«

»Beichten!«

»Und das willst du?«

»Genau.«

»Aber Tom, das stimmt doch gar nicht, erst, wenn die älter sind und Kommunion hatten, dürfen die ... also müssen die ...« Ich wusste nicht weiter. Ich habe die Beichte eher als etwas Bedrückendes in Erinnerung, als eine Art Geständniszwang, als etwas, ich gebe das gerne zu, vor dem ich mein Kind bewahren wollte. Aber Tom hat seine eigene Auslegung.

»Weißt du denn überhaupt, was eine Beichte ist?«, fragte ich ihn.

»Klar«, sagte Tom, »das ist praktisch: Wenn man was angestellt hat, geht man mit dem Pfarrersmann in so einen Kasten, erzählt alles, muss ein Gedicht aufsagen, und dann ist es wieder gut. Und der Pfarrersmann darf einen nicht verpetzen. Weil das geheim ist.«

Daher wehte also der Wind.

»Hast du denn was angestellt?«, fragte ich ihn.

»Das sag ich *dir* doch nicht!«

Nach etlichem Hin und Her und dem Versprechen, dass ich erstens nicht schimpfen würde und er, zweitens, seine langen Haare behalten dürfe, solange er ein Haarband trage – »und zwar genau so eins, wie der Frings hat!« –, rückte er mit der Sprache raus:

»Ich habe heimlich Schokolade aus dem Schrank genommen.«

Also, wenn alle Kinder, die so etwas tun, gleich katholisch werden wollen, dachte ich erst, braucht sich die Kirche keine Nachwuchssorgen zu machen. Dann aber nagten Selbstzweifel und schlechtes Gewissen an mir, umso mehr, als mir Tom versicherte, dass er »einfach Hunger gehabt« habe und »halt keiner zum Fragen da gewesen« sei. (Weil wir ihn mal wieder allein gelassen hätten!)

Das Ende vom Lied: Ich versicherte meinem Sohn tausendmal, dass alles in Ordnung sei, lobte ihn überschwenglich, weil er alles »gebeichtet« hatte, versprach, ihn nie mehr allein zu lassen, überhaupt sei er ein prima Kind und seine Haare toll und der Frings sowieso. Mich dagegen hielt ich für den schlimmsten aller Rabenväter.

Das Ende dieser Geschichte aber geht so: Als ich im Internet nach dem versprochenen Haarband suchte und »Frings« googelte, erschien dort nicht etwa der Fußballer *Thorsten,* sondern der frühere Kölner Erzbischof *Joseph* Frings, der vor allem dadurch berühmt wurde, dass er in der Silvesterpredigt von 1946 das

»Organisieren von Lebensmitteln« und den »Koh-
lenklau« seitens der notleidenden Bevölkerung »vor
Gott und der Welt« rechtfertigte, weshalb man in der
kölschen Sprache bis heute das Wort »fringsen« für
»Mundraub« verwendet.

(Und wenn das keine Schlusspointe ist, dann weiß
ich auch nicht.)

Am Anfang war das Bild

Auch wenn »Fußball« das alles beherrschende Thema meines Sohnes Tom ist, brennt mir schon seit Langem ein anderes auf den Nägeln: das Thema Geld.

Tom hat dazu nämlich ein, sagen wir mal, *spezielles* Verhältnis. Auf der einen Seite achtet er penibel darauf, pünktlich sein Taschengeld zu erhalten, weil er es prima findet, *Geld zu besitzen;* vor allem Münzen, weil die so schön klimpern und man die andauernd und sehr geräuschvoll zählen kann. Auch kann man wildfremde Menschen mit dem Satz beglücken:

»Ich hab 18 Euro 79 Cent, soll ich's dir mal zeigen?«

Wer den Fehler macht, diese Frage mit »Ja« zu beantworten, bekommt eine mindestens 20-minütige Show im Münztürmchenbau geboten.

Auf der anderen Seite *gibt* Tom das *Geld auch sehr gerne aus* – wenn er es nicht verliert. Was oft vorkommt.

»Tu das Geld doch in deinen Umhängegeldbeutel«, sage ich ihm immer wieder und höre mich dabei an wie meine Mutter. Die das zu mir auch immer gesagt hat: »Tu das Geld doch in deinen Umhängegeldbeutel. Der ist praktisch und vernünftig.« Sieht aber doof aus! Darauf kommen alle Kinder: Warum – wenn's denn so praktisch und vernünftig ist – tragen die Erwachsenen keinen Umhängegeldbeutel? Eben!

Nein, Tom hat das Geld wie sein Vater lieber lose in der Hosentasche. Führt zwar zu Schwund, klimpert aber schön. Außerdem kommt man besser dran, wenn man es ausgeben will.

Für Fußballbildchen zum Beispiel, was eine sinnvolle Investition ist, denn Fußballbildchen sind in Toms Kreisen die Tauschwährung Nummer eins. Man kriegt in der Schule andere Bildchen dafür, aber auch Schokolade oder Kakao für besonders beliebte Bilder – und für einen Schweinsteiger oder Özil schon mal Geld. Von dem man sich wieder neue Fußballbildchen kaufen kann, die man dann wieder reinvestiert im Tausch gegen ...

Kurz: Fußballbildchen sind in der Schule das, was Zigaretten im Knast sind, und Tom ist der Pate!

Akribisch studiert er die Bundesligatabelle, weiß haargenau, welcher Spieler welchen Tauschwert hat, er spekuliert, handelt, macht und tut. Unvergessen ist mir seine Aussage, als er vor Jahren das Bildchen des Bayernspielers Sebastian Deisler bekam:

»Den tausche ich nicht. Wenn der nicht mehr verletzt ist, wird der was wert.«

»Und wenn der aufhört?«

»Dann wird er eine Legende und unbezahlbar!«

(Mit anderen »wertvollen« oder, auch das gibt es, »superseltenen« Spielern verfährt er ebenso, die bilden, wie Tom sagt, seine »eiserne Reserve«.) Andere Jungs wollen später mal Feuerwehrmann werden, Tom wird wohl Fußballmanager oder Großbanker oder kriminell, was ja alles dasselbe ist.

Apropos kriminell: Weil es ganz schön langwierig, statistisch zunehmend unwahrscheinlich und vor allem sehr teuer ist, auf dem Kaufwege das Sammelalbum vollzukriegen, gilt das Fußballbildchensammeln nach einem Gerichtsentscheid als verbotenes Glücksspiel. Aus diesem Grund (sonst wäre es nämlich verboten!) kann man bis zu fünfzig (fehlende) Bilder für billiges Geld direkt und »offen« beim Hersteller anfordern! Allein, die Kids wollen das gar nicht. Die wollen lieber weiter »blind« Bildchen kaufen und tauschen und den Stapel mit den »Doppelten« sowie die »eiserne Reserve« ins Unermessliche wachsen sehen; die Kids wollen nicht vernünftig sein und sparen, sie wollen lieber ein zweites, drittes Album anfangen oder eigene Alben mit »den besten Spielern überhaupt« anlegen und, und, und.

(Auch dauert das Direktbestellen – diese Gauner! – sechs Wochen. Und sechs Wochen sind für vom Kapitalismus infiltrierte Kinder wie meinen Sohn eine Ewigkeit!)

Vor Kurzem allerdings hat Tom sein gesamtes Bargeld verloren, es ist ihm aus der Hosentasche gerutscht. Aber statt zu weinen, kramte Tom seine »eiserne Reserve« hervor und sagte tapfer:

»Jetzt muss ich eben noch mal ganz von vorn anfangen.«

Ich reichte ihm wortlos den Umhängegeldbeutel.

Schon ein paar Tage später strahlte Tom wieder und in seiner Hosentasche klimperte es verdächtig.

»Denk an den Umhängegeldbeutel«, ermahnte ich ihn.

»Tu ich doch«, sagte er und zeigte ihn mir. Er war prall gefüllt mit Fußballbildchen.

Das böse »i«

Seit mein Sohn Tom in der Schule ist, regrediert sein Wortschatz. Immer häufiger sagt er nach dem Mittagessen Sätze wie diese:

»Hausi hab ich schon in der Kerni, Papa. Ich bin aufm Sporti, tschüssi!«

»Hä? Was? Halt, halt, hiergeblieben, Sohn, was ist los?«

»Oh Mann, Papa, ich will zum Fußi!«

»Wer ist das denn? Kenn ich den?«

»Papa – *Fußballspielen!* Kann ich jetzt?«

»Und was ist mit den Hausaufgaben?«

»Hab ich doch schon in der Kerni. Muss ich dir alles zweimal sagen?«

Tom kürzt alles ab. Der Satz »Hausi hab ich schon in der Kerni« bedeutet: »Die Hausaufgaben habe ich schon in der Kernzeitbetreuung erledigt«, aber das wäre natürlich viel zu lang und Schulkinder haben keine Zeit! »Hausi« muss man in der »Kerni« machen, und zwar zur Zufriedenheit von »Lehmi«, also von Frau Lehmeier, der nachschulischen Kernzeitbetreuerin, denn ohne »Hausi«, so viel habe ich schon kapiert, dürfen die Kinder weder auf den »Sporti« zum »Fußi« noch auf den »Spieli« zum »Fangi« und »Verstecki«.

Ich ertrage es nicht. Vielleicht bin ich naiv, aber ich hatte gedacht, Kinder kommen in die Schule, um Lesen, Schreiben und nicht zuletzt Sprechen zu lernen. Verstecki, Fangi, Fußi, Sporti, Süßi, tschüssi, Schoki ... das hält man im Kopf nicht aus.

Und was sagte Toms Mutter letzte Woche zu mir?

»Mittwoch ist Elti. Gehst du?«

»Wohin soll ich gehen? Solange hier nicht anständig gesprochen wird, gehe ich nirgendwo mehr hin!«

»Reg dich ab, Papa«, sagte Tom besänftigend, »ich hab der Lehmi eh schon gesagt, dass du zum Elti gehst.«

»Na, spitze! Wenn mir jetzt noch irgendjemand von euch Sprachverstümmlern sagen könnte, was das ist!«

»Der Elternabend«, sagten Tom und meine Liebste wie aus einem Mund.

Der kam mir gerade recht.

»Ja, da gehe ich gern hin!«, rief ich, »aber hallo, gehe ich da hin, zum Elti, und dann werde ich der Lehmi mal das Kopfi waschi!«

Ich tat es nicht. Denn die »Lehmi« war zauberhaft und hinreißend, und sie erklärte mir, dass die kindliche Abkürzung auf »-i« eine Verniedlichung sei, um das

Schöne zu versüßen und das Böse zu bannen. »Fußi«
sei eben schöner als »Fußball« und »Hausi« nicht so
schlimm wie »Hausaufgaben«.

Und noch etwas habe ich gelernt: Das funktioniert
nur bei Kindern, denn die nach Menschenermessen
schlimmste anzunehmende Katastrophe der westli-
chen Zivilisation ist ein Elternsprechtag. Der Elternsprechtag ist ein Machwerk des Teufels, und die Hölle,
das sind andere Eltern.

Ich sage jetzt auch »Elti«, aber ich weiß: Das Böse
wird wiederkommen!

Aufräumen und Urlaub

Ich hätte einen prima Vorschlag für eine in die Krise gekommene Samstagabendfernsehshow, in der es um absurd schwierige Wetten geht: »Wetten, dass es meinem Sohn Tom gelingt, ein beliebiges Kinderzimmer binnen weniger Sekunden in den Zustand dermaßener Verwüstung zu bringen, dass selbst die Super-Nanny über einen Berufswechsel nachdenken wird.«

Ich könnte wahnsinnig werden. Tom räumt sein Zimmer einfach nicht auf. Bald täglich gibt es Tränen, meist auf beiden Seiten: Tom heult, weil ich bei meinen Versuchen, mir eine Schneise durch sein Kinderzimmer zu bahnen, irgendein Plastikbauklötzchenungetüm zerstöre, und ich heule, weil die Plastikbauklötzchen (vor allem die Einser und Zweier) so höllisch wehtun, wenn man strumpfbesockt oder barfuß drauftritt.

Dass Aufräumen unser beider Schmerzen lindern würde, kommt in Toms Kosmos allerdings nicht vor. Es hilft weder Strafe noch Belohnung, weder Hausarrest noch Bestechung, Aufräumen ist nicht. Er kann es nicht, er tut es nicht, er will es nicht.

In den Urlaub aber will er und vielleicht ist das meine einzige Chance:

»Wenn du nicht aufräumst, fahren wir nicht in Urlaub!«

»Ich mach's ja.«

Er macht es nicht.

»Denk an den Urlaub, Tom.«

»Ja-haa.«

Ja-haa bedeutet *Nein*.

Sein erklärtes Urlaubsziel ist übrigens Afrika. Genau genommen Burkina Faso (für unsere älteren Leser: Obervolta). Tom will dahin, weil sein Lieblingsfußballer von dort stammt, außerdem wegen der Löwen und Elefanten – von denen ich nicht einmal weiß, ob es die da gibt. Dafür weiß ich, wie die Hauptstadt heißt, »Wagadugu« heißt die nämlich. Damit kann man tolle Sätze bilden:

»Ohne Aufräumen kein Wagadugu!«

»Später.«

»Nein jetzt! Sonst findet Wagadugu in deinem Zimmer statt!«

»Glei-heich!«

Glei-heich bedeutet *Nie*.

Bei den Urlaubsvorbereitungen bin ich auf eine schöne Geschichte gestoßen: Burkina Faso wurde in den Achtzigerjahren von einem Mann namens Thomas Sankara regiert, und der befand seinerzeit, dass es in Wagadugu entschieden zu unordentlich sei. (Ein bekanntes Problem.) Also befahl er den Bewohnern, die Hauptstadt aufzuräumen – und zwar alle gemeinsam; Sankara spielte währenddessen E-Gitarre, nicht schön, aber sehr, sehr laut und überall zu hören. Die Arbeit soll schnell von der Hand gegangen sein und Wagadugu war wieder sauber.

Was soll ich sagen? Meine Liebste hat mich genötigt, meine alte Stratocaster wieder auszupacken und ein wenig Aufräummusik zu machen – zur großen Freude der Nachbarschaft, die wenig Verständnis für Erziehungsmethoden aus Afrika zeigte.

»Burkina Faso« heißt übersetzt übrigens »Land der Unbestechlichen«. Ideal für Tom.

»Ohne Aufräumen kein Wagadugu!«, sagte ich, und er:

»Ich lass mich nicht bestechen.«

Wir werden wohl fahren. Schon allein, weil der Lärm zu Hause nervt.

Piratdeketiv

Mein Sohn Tom hat einen sehr schönen neuen Beruf: Er ist »Piratdeketiv«. Und was für einer: Sherlock
Holmes, Sam Spade, Magnum und Matula können
einpacken. Hier kommt Tom, der »Piratdeketiv«! Das
hat Klang, finde ich. Da hört man Effizienz, Zielstrebigkeit und Erscheinungsbild gleich mit. Willst du üble
Machenschaften auf*decken,* hol einen »Deketiv«.

Die alte Berufsbezeichnung ging doch eh immer
an der Sache vorbei. *Privat*detektiv. Was ist denn an
zerbeulten Trenchcoats, albernen Mützen und peinlichen Pfeifen bitte »privat«? Geht's noch auffälliger?

O ja, es geht: Mit Augenklappe, Pistole und Säbel,
so jagt man heute die Bösen. Das Verbrechen soll sich
warm anziehen. Allerdings müsste es dazu erst mal
geschehen. Das ist das Problem, die Auftragslage für
junge Piratdeketive ist mau.

Ich half nach: Als Erstes stopfte ich sämtliche unbezahlten Rechnungen in einen Umschlag, versteckte diesen im Keller bei den alten Sachen und beauftragte Tom dann, nach »streng geheimen, schrecklichen Dokumenten« zu fahnden. Er brauchte keine halbe Stunde, und weil er auch noch ein paar kompromittierende Urlaubsfotos von mir ausgrub, fiel die Provision üppig aus.

Aber so richtig aufregend war das nicht, Kalle Blomquist, TKKG und Die drei ??? haben einfach andere Maßstäbe gesetzt, und ich fühlte mich in der Pflicht.

»Weißt du, Tom«, schlug ich deshalb vor, »wenn das Verbrechen nicht zu dir kommt, musst du es vielleicht suchen. Es kann hinter jeder Ecke lauern. Geh raus, beschatte Verdächtige ...«

Ich weiß nicht, welcher Teufel mich ritt, aber mein Blick fiel auf die Straßenlaterne vor unserem Haus, und da hängt seit Langem ein vergilbtes Wahlplakat von einem unserer Stadträte, der a) doof und b) in einer schlimmen Partei ist und außerdem c) nur einen Block entfernt wohnt.

»Der Mann auf dem Poster da, zum Beispiel«, sagte ich, »der kommt mir ... seltsam vor.«

»Ich kümmer mich um den Fall«, sagte Piratdeketiv Tom und weg war er.

Und ich war zerknirscht. So was darf man einfach nicht tun, den eigenen Sohn zum Spitzel machen ...

Als Tom wiederkam und ich gerade zu einem erzieherischen Canossagang antreten wollte, sagte er:

»Sorry, Papa, die Sache ist sauber. Ich habe nur rausgefunden, dass die Frau böse ist, weil ihr Mann das Plakat nicht abhängt.«

»Gute Arbeit, Tom. Aber jetzt bist du raus aus dem Fall. Versprochen?«

»Na ja«, druckste er herum, »er hat mir einen Euro geboten, wenn ich das Poster abhänge, aber ...«

»Aber was?«

»Von seiner Frau kriege ich 1,50 Euro, wenn ich's hängen lass und ... na ja, eine Brille und einen Schnurrbart und so draufmal.«

Guck an, dachte ich, bis eben noch unterbeschäftigt und jetzt gleich zwei Auftraggeber.

»Was soll ich denn jetzt machen?«, fragte er.

»Das musst du selbst entscheiden.« (So was sage ich immer, wenn ich keine Ahnung habe.)

»Beides geht nicht, oder?«

»Wohl kaum.«

Was soll ich sagen? Tom hat schweren Herzens das Mandat niedergelegt. Trotzdem war das Plakat kurz darauf verschwunden, und im Briefkasten lagen 2,50 Euro Honorar.

Tom hat sich davon einen neuen Säbel gekauft. Die »Deketei« hat er geschlossen, er ist jetzt nur noch Pirat. Ist eh der ehrlichere Beruf.

Zwei Wochen im Herbst.
Ein Tagebuch

5.10. Um den Schulweg für die kommenden vierzehn Tage sicherer zu gestalten, schrauben zwei Männer eine elektronische Anzeigetafel an die Straßenlaterne vor unserem Haus, auf der man ablesen kann, wie schnell man durch die Zone 30 brettert. »Freiwillig langsam«, lautet das Stichwort. Ich bin begeistert, dass der Staat mal was macht in meiner direkten Umgebung. Bei den ersten beiden Autos, die vorbeifahren, zeigt die Tafel »68« beziehungsweise »82« km/h an. Meine Begeisterung lässt nach.

6.10. Mein Sohn Tom findet heraus, dass die Anzeigetafel auch die Geschwindigkeit von Radfahrern misst. »Auf dem Heimweg bin ich 38 gefahren!«, eröffnet er mir stolz beim Mittagessen. Den gesamten Nachmittag spielen er und seine Freunde »Sprintankunft bei der Tour de France«. Meine Begeisterung nähert sich dem Nullpunkt.

7.10. Weil Tom sein Taschengeld bereits ausgegeben hat, wackelt er seit Tagen wie ein Bekloppter an seinen verbliebenen Milchzähnen herum. (Alle Spieler der rumänischen Nationalmannschaft namentlich kennen, aber an die Zahnfee glauben! Ich werde noch wahnsinnig!)

»Wer hat diesen Käse eigentlich aufgebracht, dass es für jeden ausgefallenen Zahn Geld gibt?«, frage ich brüllend.

»Du«, sagt Tom.

8.10. Finde meine Kneifzange und einen Handspiegel auf Toms Schreibtisch; ich sage nichts, sondern zahle bereitwillig im Voraus, um Schlimmeres zu verhüten. (Morgen ist mein freier Tag; ich werde mit einer Freundin ins Kino gehen und für ein paar Stunden an was anderes denken!)

9.10. Gehe doch nicht ins Kino, weil ich vergessen habe, dass meine Freundin kürzlich ein Kind bekommen hat. »Die Kleine kriegt gerade Zähne«, sagt sie, »es ist die Hölle, ich muss leider absagen.«

Ich sage ihr, dass sie froh sein soll und dass das Verlieren der Zähne viel stressiger sei als das Kriegen – sie glaubt mir kein Wort.

10.10. Eine Frau mit Rad und Kinderanhänger strampelt an der Geschwindigkeitsanzeigetafel vor unserem Haus vorbei. Aus dem Anhänger ertönt eine quäkende Kinderstimme: »Gib Stoff, Mama. Die Mutter von Kevin hat 41 geschafft!«

11.10. Tom will einen Taschengeldvorschuss. Ich lehne ab. Er fragt nach der Kneifzange. Ich bleibe hart, verstecke aber zur Sicherheit mein gesamtes Werkzeug.

12.10. Tom will einen Taschengeldvorschuss und sagt, er würde dafür auch sein Zimmer aufräumen. Ich erkenne darin zwar den sanften Versuch der Erpressung, zahle in Anbetracht des Kinderzimmerzustandes aber bereitwillig.

13.10. Wieder kein Kino. Meine Freundin hat sich beim »Milchabpumpen verstillt« und nun sei die eine Brust größer als die andere und so traue sie sich nicht aus dem Haus. Ob ich sie nicht besuchen wolle. Ich will und trage dann den ganzen Abend ein schreiendes Kleinkind durch die Wohnung, während die schiefbusige Mutter vor dem Fernseher einschläft.

14.10. Beim Überqueren der Straße werde ich um ein Haar von einem radelnden Viertklässler über den Haufen gefahren. Sein Kommentar: »Oh Mann, jetzt hast du mir meinen Rekord versaut!«

15.10. Tom will wissen, warum jeden Tag eine alte, »zerlumpte« Frau die Mülleimer bei der Schule durchwühle. Ich erkläre ihm in kurzen Worten, was »Armut« bedeutet.

»Und wenn sie jemand ansprechen will, rennt sie weg«, sagt Tom.

Ich erkläre ihm in kurzen Worten, was »Scham« bedeutet. Tom wirkt sehr nachdenklich.

16.10. Es verschwinden Anziehsachen und Lebensmittel aus dem Haus. Auf energisches Nachfragen gesteht Tom, er habe die Sachen für die alte Frau in die Mülleimer bei der Schule geschmissen. Diesmal fällt meine Erklärung länger aus; bin aber sehr stolz.

17.10. Endlich Kino! Nachdem meine Freundin den ganzen Film verschlafen hat, sagt sie, Kinder raubten einem echt den letzten Nerv.

Ich sage: »Aber man erlebt die tollsten Sachen.«

Sie glaubt mir kein Wort.

18.10. Die Geschwindigkeitsmesstafel vor unserem Haus wird entfernt. Der Verkehr beruhigt sich zusehends.

Wer solche Freunde hat ...

Aus Gründen, die ich schwer erklären kann, nehme ich manchmal Einladungen zum Abendessen an. Ich bereue das zwar meist, aber dann ist es zu spät, und ehe ich mich's versehe, befinde ich mich in dekorativ hergerichteten Behausungen und fühle mich grässlich.

Es liegt gar nicht daran, dass diese Wohnungen immer geschmackvoller und teurer und aufgeräumter sind als meine, dass ich die Schuhe vor der Tür ausziehen muss und zum Rauchen auf den Balkon, dass die Kinder der Gastgeber natürlich schon selbstständig ins Bett gegangen sind, während das eigene zu Hause den Babysitter terrorisiert, dass das Essen nicht zu toppen ist und der Wein unerreichbar, dass überhaupt alle Anwesenden schöner, erfolgreicher und ausgeschlafener sind als ich.

Damit kann ich umgehen. Die erste Gesprächsstunde schalte ich einfach auf Durchzug.

»Fritz arbeitet jetzt für diese Unternehmensberatung.«

»Ach ja, und was macht er so?«

»Er hat wahnsinnig viel zu tun. Möchtest du noch einen Schluck?«

»Nein danke, ich muss noch fahren.«

»Sag mal, euer Boden, das ist wirklich Laminat? Hätte ich nicht gedacht.«

»Das Balsamico-Dressing ist ein Gedicht.«

»Tim hatte wirklich Pech mit seinem Immobilienfonds.«

»O ja, das kenne ich ... Bei mir hilft Eisenkraut, wenn ich gestresst bin.«

»Gegen Mallorca kann man viel sagen, aber im Landesinneren: zau-ber-haft!«

Irgendwann aber wird klar, dass man sich so viel gar nicht zu erzählen hat und dass die einzige Gemeinsamkeit darin besteht, dass unsere Kinder alle etwa gleich alt sind, und ab da wird nur noch über diese geredet und ich fühle mich grässlich.

Es geht um lauter wichtige Dinge, die Wahl der weiterführenden Schule der Kinder, zum Beispiel. Und den damit verbundenen Leistungsdruck. Generell den Druck. Und nicht nur in der Schule. Auch im Sportverein.

»Der Trainer zieht jetzt ganz schön an, aber das find ich gut, dann tut sich da mal was, und die Jungs wollen das ja auch so.«

In der Musikschule. »Es ist so wichtig, dass Kinder ein Instrument lernen. Natürlich muss man hinterher sein, dass sie üben, aber später ...«

Eine Frau erzählt, dass ihr neulich bei ihrer Tochter die Hand ausgerutscht sei. Gewollt habe sie das nicht, aber Kinder könnten einen wirklich dermaßen reizen.

»Das hört sich jetzt vielleicht blöd an«, sagt sie, »aber das hat mir mehr wehgetan als ihr.«

Das hört sich mehr als blöd an, denke ich. Ein anderer spielt den Tröster.

»Das wird der Kleinen schon nicht geschadet haben.«

Ich überlege, ob ich ihm eine reinhauen soll. Und
dann sagen: »Das tut mir mehr weh als dir.« (Wahrscheinlich würde das bei ihm sogar stimmen.)

Aber ich überlege eben nur. Denke mir meinen
Teil. Ich schaffe es nicht zu sagen: »Kinder darf man
niemals schlagen, du Arschloch!« Ich schaffe es nicht
zu erzählen, dass mein Sohn Tom nach nur drei Stunden das Klavierspielen wieder aufgab und ich das
o.k. fand. Ich schaffe es nicht einzuwerfen, dass der
Druck, der auf den Kindern lastet, ausschließlich er-
wachsenengemacht ist und dass man dagegen was
tun könnte. Ich sage nichts, Feigheit vor dem Freund.
Ich höre nur zu und fühle mich grässlich.

In der Runde überlegt ein Ehepaar laut, ob es sich
ein Pferd anschaffen solle. Wegen der Kleinen. Unter-
bringung sei kein Problem, »die kümmern sich echt
um alles«, und so teuer sei es jetzt auch nicht.

Mir fällt ein Satz von Heiner Link ein.

»Wer sich heutzutage ein Pferd kauft, erklärt sich
mit den herrschenden Zuständen einverstanden.«

Dann stehe ich wortlos auf und gehe. Man kann
sich seine Freunde aussuchen.

Familienpolitik

Mein Sohn Tom verblüffte mich mit einer ausgesprochen denkwürdigen familienpolitischen Aussage. Aufgeregt kam er aus der Schule und erklärte:

»Fast alle Eltern in der Klasse sind verschieden, nur du und Mama nicht!«

»Hoppla, Sohn, ganz langsam, was liegt an?«

»Ich will, dass ihr auch verschieden seid!«

»Aber das sind wir doch. Wenn du wüsstest ... deine Mutter und ich, wir sind manchmal so was von verschieden ...«

»Gar nicht! Ihr seid geheiratet!«

»Oha. Und ... du fändest es also besser, wenn wir das nicht wären?«

»Ja. Dann hätte ich auch zwei Kinderzimmer und dürfte alleine Straßenbahn fahren.«

Das ist natürlich ein ernsthaftes Problem. So leid mir das jetzt für Kirche und Konservative tut, aber bei uns vollzieht sich gerade ein Paradigmenwechsel.

Achtundzwanzig Kinder gehen in die Klasse meines Sohnes, bei 20 von ihnen leben die Eltern getrennt oder sind, wie Tom es sagt, »alleinrumerziehend«.

Und irgendwie finden die Kinder das »millionentausendmal besser«. Felix, zum Beispiel, hat nämlich jetzt doppelt so viel Spielzeug wie früher, weil er sowohl im Haus seiner Mutter als auch in dem seines Vaters ein beinahe identisches Kinderzimmer besitzt, und Luka darf einmal in der Woche »ganz alleine« mit der Bahn seinen Papa besuchen, außerdem sind da jetzt »neue Partner«, von denen es »dauernd Geschenke« gibt, von *zweimal* Urlaub und *zweimal* Weihnachten ganz zu schweigen, überhaupt ist »bei denen« immer was los, nur Tom hat diese langweiligen, biederen, normalen Eltern. Geheiratet eben. Und nicht verschieden.

Manchmal stimmen mich die Wortdreher meines Sohnes doch nachdenklich: Gibt man mit der Heirat wirklich seine »Verschiedenheit« auf? Wird man zu *einem* Paar, das sich erst trennen muss, um wieder zu *zwei* »verschiedenen« Menschen zu werden?

Wenn ich nachdenklich werde, werde ich gern mal wütend: Mein Rabensohn möchte die Keimzelle des Staates zerstört sehen! Tom *will* ein Scheidungskind sein! Das kann ja wohl nicht angehen. Dir werd ich's zeigen!

Wenn ich wütend werde, werde ich gern mal doof. Ich berief eine Familienkonferenz ein und legte los:

»So, Tom. Du findest also, dass Luka und Felix es besser haben als du.«

»Ja.«

»Gut ... dann lassen wir uns auch scheiden!«

»Spitze«, jubelte Tom.

»Ich behalte das Haus und den Wagen«, grinste meine Frau, aber ich war nicht zu bremsen.

»Tom, das heißt, dass ich ausziehe!!«

»Super. Wohin?«

»Na ... weg!«

»Kann man da mit der Straßenbahn hinfahren?«

Und dann sagte ich doch glatt den dümmsten Film-satz aller Zeiten:

»Ich ... ich ziehe wieder zu meiner Mutter!«

Habe ich dann natürlich nicht gemacht. So »ver-schieden« wollte ich doch nicht sein. (Außerdem fährt da keine Straßenbahn hin.)

Mit Sicherheit

Sommer! Wieder ein Jahr um!

Die Schule zwingt uns zu einer kalendarischen Neuorientierung: Das Jahr beginnt im September und endet im Juli – dazwischen sind Ferien, wir holen Luft und betreiben Nabelschau. Es war kein schlechtes Jahr:

Tom wächst und gedeiht, er ist »ein offener, freiheitsliebender und herzlicher Junge« (sagt die Lehrerin), er ist »die Zukunft des deutschen Mittelfelds« (sage ich), er bringt okaye Noten nach Hause (außer in Religion und Werken, aber wer braucht das schon), er isst, was wir ihm vorsetzen (solange er es in Ketchup ertränken darf), er geht immer und ohne zu murren ins Bett (hahaha), und überhaupt findet er sich, sein Leben und sogar seine Eltern meist prima (zumindest lehnte er das Angebot seines Kumpels Paul, die Erziehungsberechtigten zu tauschen, vorerst ab).

So weit ist alles in Ordnung mit meinem »freiheitsliebenden« Sohn.

Nicht in Ordnung waren im letzten Jahr jene Eltern, die in ihrer Funktion als übereifrige »Freiheitsbeschränker« auftraten. Nach einem schrecklichen Amoklauf an einer Schule berief der Elternbeirat von Toms Klasse nämlich einen »außerordentlichen Elternabend zum Thema Sicherheit« ein, und so etwas will ich nie wieder erleben.

Tragödien wie diese verlangen Mitgefühl, Trauer, Empathie, von mir aus gerne auch die politische Forderung nach einem generellen Waffenverbot und sonst nichts. Vor allem keinen »Eltern-Sicherheitsgipfel«, bei dem sprachlich jegliche Restwürde versenkt wird:

»Ganz ehrlich, das macht mir Angst ...«

»Da muss man jetzt was machen. Echt wahr.«

»Computerspiele verbieten. Das wär mal das Allererste.«

»Und einen Wachschutz bei uns an der Schule!«

»Der Malte aus Sarahs Klasse, das ist auch so ein komischer Junge, immer still, immer allein ... Ich mein ja nur, den sollte man vielleicht mal überprüfen.«

»Und einen Wachschutz an der Schule, zur Sicherheit!«

Überhaupt ist Sicherheit das Allerwichtigste. Gerade für Kinder. Und schon wird das Thema gewechselt in Richtung Kinderpornografie und eines Abgeordneten, der derer beschuldigt wird.

»Und stellt euch vor, der ist in der SPD!«

Als ob das was erklären würde.

»Das muss alles besser gesichert sein. Wenn wir doch einen Wachschutz ...«

Gutsituierte Vierzigjährige, die am friedlichsten Flecken der Welt leben, reden über Sicherheit. Schämt euch! Sie fordern Sicherheit vor Amokläufern, vor Kinderschändern, vor Ski fahrenden Ministerpräsidenten und natürlich vor Terroristen.

»Die haben Deutschland nämlich auch im Visier, die Terroristen.«

Als ob bei uns Flugzeuge in Türme fliegen würden. Wir kriegen das ganz alleine hin, dass Gebäude einstürzen.

»Einen Wachschutz ...«

Und die Musik dazu kommt von der Band »Silbermond«: »Gib mir 'n kleines bisschen Sicherheit ...« Ein Chart-Erfolg!

Menschenskinder, im Rock 'n' Roll ging es mal um Sex, Drugs und Rebellion, heute wird um »Sicherheit« gebettelt, aber nur »ein kleines bisschen«. Man sollte die Panikmacher dieses Landes in einen Raum sperren und einen Tag lang mit diesem Gesäusel beschallen, bis wieder Vernunft einkehrt!

Ja, auch ich habe oft Angst. Um Tom. Es liegt in der Natur des Elternseins, sich permanent zu sorgen. Wegen allem Möglichen habe ich eine Scheißangst. Aber die war noch nie ein guter Ratgeber. Und von Sicherheitsfanatikern sollte man sich prinzipiell fernhalten. Der Freiheit, der Sprache und des Anstands wegen.

Habe ich schon erwähnt, dass ich mich auf die Sommerferien freue?

Sein schönstes Ferienerlebnis

Als Kind habe ich den obligatorischen nachsommerlichen Deutschaufsatz einfach nur gehasst. »Mein schönstes Ferienerlebnis«. Entweder konnte ich mich nicht entscheiden oder aber es fiel mir gar nichts ein. Es war furchtbar! Geradezu traumatisch geriet die Arbeit in der 4. Klasse, die ich mit den Worten begann:

»Diese Ferien ist mein Opa gestorben. Die Beerdigung war toll. Ich durfte so viel Cola trinken, wie ich wollte ...«

Ich bekam eine schlimme Note und geschimpft obendrein, obgleich es wahrscheinlich mein ehrlichster Aufsatz war.

Jetzt muss mein Sohn Tom zum ersten Mal das »Ferienerlebnis« beschreiben und tut dies sehr angelsächsisch. Die Engländer kennen diesen deutschen Zwang zum Superlativ nämlich nicht und nennen das Ganze »What I did on my holidays«. Nicht das »Schönste« soll erzählt werden, sondern »was man gemacht hat im Urlaub«. Tom zählt es auf, schreibt dazu, dass das alles ganz schön war, holt sich eine mittelgute Note ab und wendet sich wichtigeren Dingen zu.

Und eigentlich hat er recht. Denn als ich ihn frage, ob es im Sommer denn wirklich kein Erlebnis gegeben habe, welches »das schönste« gewesen sei, antwortet er:

»Doch! Aber das geht die Lehrerin gar nichts an.«

So schlau wäre ich als Kind auch gern gewesen!

Bevor ich mich allerdings über das deutsche Schulsystem aufrege, erzähle ich lieber, wie *ich* den Sommer fand, schließlich ist das hier kein Aufsatz. Also:

Sehr schön war eine Frage, die Tom meiner Mutter stellte:

»Oma?«, fragte er ohne jede Vorwarnung, »krieg ich schulfrei, wenn du stirbst?« Fand meine Mutter gar nicht komisch – ist aber wahr. Apropos meine Mutter:

Während des Heimaturlaubes traf ich meine Schulfreundin Dorothea Anderson wieder, mit der ich als Kind mal drei Tage im Bett hatte liegen müssen, um mich mit Windpocken anzustecken. Meine Mutter war seinerzeit der Meinung, dass es wichtig sei, sich mit Windpocken anzustecken.

»Je früher, desto besser, gerade bei Jungen!«, fand sie.

Frau Anderson fand das überhaupt nicht. »Ich dachte, das gilt für Mumps. Bei Jungen. Wegen der Impotenz«, sagte sie.

»Windpocken auch«, sagte meine Mutter, ließ sich nicht abwimmeln und schob mich in Dorotheas Zimmer.

»Na hören Sie mal«, sagte Frau Anderson.

»Mama!!!«, schrie Dorothea, »der soll weg. Ich bin krank!«

»Ja, ich weiß jetzt auch nicht ...«, sagte Frau Anderson.

»Du musst näher rangehen«, sagte meine Mutter, »näher ran!«

Schlussendlich lag ich drei Tage lang mit Dorothea im Bett und bekam natürlich keine Windpocken.

Dorothea und ich konnten über diese alte Geschichte sehr lachen. (Meine Mutter nicht.)

Am Meer waren wir dann auch noch. Vierzehn schöne Tage lang. Ärgerlich war nur, dass das einzige Klo in der Nähe des Strands eine Dixi-Toilette war, die sich auch noch in ungefähr einer halben Stunde Fußentfernung hoch oben auf der Düne befand. Natürlich wurde das Meer deswegen stillschweigend nicht nur zum Schwimmen benutzt; außer ein Kind machte den Fehler, gut hörbar »Mama, ich muss Pipi!« zu brüllen, dann hieß es laufen.

Entschärft wurde die Situation schließlich von einem Vater, der entweder Kapielski gelesen hat oder betrunken und kühn war. Oder alles zusammen. Auf jeden Fall schwamm er eines Tages ans Ufer, entstieg dem Wasser, drehte sich kommentarlos um, pinkelte in die Fluten, hechtete mit einem beherzten »Jippieh« wieder ins kühle Nass und schwamm weiter. Tom war begeistert.

Und mein schönstes Ferienerlebnis? Vielleicht der Satz, den Tom angesichts der vielen Plakate zur anstehenden Bundestagswahl sagte, die seit unserer Rückkehr aus dem Urlaub die heimatlichen Straßen säumen.

»Papa«, wollte er von mir wissen, »was macht die Merkel eigentlich beruflich?«

Keine schlechte Frage.

Die Beschneidung

Mein Sohn Tom kommt atemlos und völlig aufgelöst aus der Schule.

»Papa«, brüllt er noch auf der Straße, sodass es die ganze Nachbarschaft hören kann. »Papa, Papa, dem Paul haben sie den Pimmel abgeschnitten.«

»Bitte?«

»Dem Paul haben sie den Pimmel abgeschnitten. Zur Strafe. Er hat's allen gezeigt.«

»Äh, komm doch erst mal rein.«

Drinnen geht's weiter.

»Wirklich, Papa, er hatte 'nen Riesenverband um sein Pimperle. Weil's ihm der Doktor zur Strafe abgeschnitten hat. Er hat's sogar der Lehrerin gezeigt.«

»Und was hat die gesagt?«

»Dass sie uns das morgen erklärt.«

Na super. Alles muss man selber machen.

»Tom«, sage ich, »da geht's nicht um Strafe, weißt du, äh, und da schneidet auch niemand was ab, nur das, äh, Häutchen vorne wird, äh, so ein bisschen be-schnitten, es heißt *Be*-schneidung wegen, wegen ...«

Und da verlassen mich meine Erklärungskünste auch schon. Zu ungestüm prasselt die Erinnerung bei diesem seltsamerweise gerne tabuisierten Thema auf mich ein. Die Vorhautverengung meines Bruders fällt mir wieder ein und der sprachliche Eiertanz, der sei-nerzeit deswegen aufgeführt wurde.

»Gründlicher waschen, sonst ...«, hatte der Arzt da-mals gesagt und eine Salbe verschrieben.

Ich weiß noch, wie mein Bruder heldenhaft die all-abendliche, schmerzhafte Eincremeprozedur ertrug, nur um der dräuenden Beschneidung zu entgehen, welche dann doch notwendig wurde.

Und an meine jüdischen Freunde Aaron und Ruth erinnere ich mich, die noch heute von der Brit-Mila-Feier ihres Sohnes David schwärmen.

»Goldrichtig war die Entscheidung, man erspart sich später Ärger ... und er hat es ja dann auch leichter mit den Frauen.«

Ziemlich überlagernd und wirr schießen mir meine Gedanken durch den Kopf, was nicht sehr dienlich ist, um Tom das Ganze halbwegs nachvollziehbar zu er-klären. Aber Erklärung tut not.

»Noch mal, Tom«, versuche ich es erneut, »mit Strafe hat das nichts zu tun ... Und es geht nur um das Häutchen, weißt du, das kann sich entzünden, wenn es schmutzig ist oder zu eng gewachsen, das heißt

Phimose, und das tut weh beim Pipimachen ... und dann wird das manchmal, äh – ganz vorsichtig – abgeschnitten ... aber das ist gar nicht schlimm ... in anderen Religionen machen das sogar alle, äh, in anderen Ländern.«

Tom sieht mich an, als sei ich von einem anderen Stern.

»Schau mal, Tom, in anderen Religionen, im Islam oder bei den Juden, da ist es sogar Brauch ...«

»Paul ist aber bei den Kartoffeln.«

»Was?«

»Na in Religion gibt's doch Kartoffeln und Elefanten. Und Paul ist Kartoffel.«

Katholisch also. Dann hatte es also wohl eher mit Verengung zu tun.

»Weißt du was, Sohnemann, wir warten bis morgen, und da erklärt das die Lehrerin.«

Hoffentlich tut sie das auch wirklich, denke ich, denn das Thema hat sich in Tom festgesetzt, wie ich beim Abendbrot merke. Da stellt mein Sohn nämlich die schöne Frage:

»Papa, kannst du mir ein Stück Käse beschneiden?«

Was die Lehrerin tags drauf genau erklärt hat, weiß ich nicht, aber es muss tatsächlich mit Religion und noch mehr mit Hygiene zu tun gehabt haben, denn Tom badet seitdem täglich. Und als ich ihn darauf anspreche, sagt er den großartigsten Kindersatz, den ich bislang gehört habe:

»Weißt du was, Papa, auch Kartoffel- und Elefantenjungs müssen täglich ihre Eichel wässern!«
Besser kann man das nicht erklären.

*

Nachtrag: Natürlich kann man das besser erklären, und wenn man's verstanden hat, kann man damit sogar ganz andere Dinge in Gang setzen. So erklärte jüngst die Weltgesundheitsorganisation (WHO), dass beschnittene Männer ein 40 Prozent geringeres Risiko tragen, sich mit HIV zu infizieren. Bleibt zu hoffen, dass diese Studie nicht in die falschen Hände gerät, zum Beispiel in die der Kirche. Was ließe sich da nicht Schönes für die nächste Afrikareise des Papstes zusammenzimmern, Beschneidungen sind entschieden billiger als Medikamente und Kondome des Teufels; außerdem sitzt der Firmengründer selbst ja auch ohne Häutchen zur Rechten Gottes ... Schluss mit der Verschwörungstheorie! Schließlich sind wir alle ein bisschen Benedikt, und ich träume von dem Tag, an dem der Stellvertreter des Herrn sagt: »Auch Kartoffel- und Elefantenjungs müssen beim Pimpern Hütchen tragen!« Ob nun beschnitten oder nicht.

Behinderten-Kick

Diese Geschichte hat mit meinem Sohn Tom nur ganz am Rande zu tun, dafür umso mehr mit mir und anderen Kindern, außerdem ist sie schön. Folgendes:

Bei Prominenten ist es ja so, dass sie von Zeit zu Zeit Gutes tun, nicht zuletzt, damit sie prominent bleiben. Und was machen Leute, die nicht ganz so prominent sind? So wie ich? Sie machen bei einem »Benefiz-Fußballevent« im hintersten Winkel der Republik mit.

Ausrichter war ein kleiner, feiner Verband, der sich um die Integration von behinderten Kindern kümmert. Geld sammeln für einen prima Zweck, das war der Plan, zu dessen Umsetzung ich einige hundert Autokilometer auf mich nahm – in Begleitung von Tom, der allerdings nur unter der Bedingung mitfuhr, auf gar keinen Fall irgendwas mit »diesen« Kindern machen zu müssen.

Egal. Die Sonne schien, so weit, so gut. Zu meiner Verwunderung sollte ich allerdings nicht auftreten oder anderweitig Kohle ranscheffeln, auch keine Rede halten, nein, ich sollte einfach nur Fußball mitspielen – nicht mehr und nicht weniger; als einer von zwei mittelprominenten Nichtbehinderten. (Der andere war der Bürgermeister.)

Was soll ich sagen?

Es war großartig. Ich spielte Tormann auf der Seite von »Station 2«, einer Anlage für betreutes Wohnen, der Bürgermeister stürmte für den »FC Handicap« (die hießen wirklich so).

Zunächst einmal: Die Eltern von Behinderten sind völlig normal.

»Hau ihn um, Georg«, brüllte ein Papa ein ums andere Mal, »hau ihn um«, was schwierig war, denn Georg saß im Rollstuhl und kam mit dem Boden gar nicht gut zurecht. Deswegen rief er auch ständig:

»Gib ab, du Krüppel!«

Es war ein Fest.

Um's vorwegzunehmen: Dass meine Kids von der »Station 2« einen haushohen Sieg davontrugen, lag zum einen daran, dass Stefan und Malte, zwei liebenswerte Spastiker, ein furioses Sturmduo bildeten und, wenn auch nicht immer mit fairen Mitteln, Tor um Tor erzielten; zum anderen war ich ein super Torhüter und hielt sogar einen Elfmeter. Ich wollte ihn zwar durchlassen, aber der schwach getretene Ball des »FC-Handicap«-Kapitäns kam einfach nicht bis an die Torlinie.

Der Schütze weinte daraufhin bittere Tränen und konnte nur mit Mühe zum Weiterspielen überredet werden, was aber letztlich nichts nützte, weil er ein paar Minuten später vom Platz gestellt wurde. »Wegen Lügen«, wie es hieß.

Das mag der Hauptgrund für unseren Kantersieg gewesen sein: Der Schiedsrichter war eine Sie, hieß Mara und war parteiisch. Mara ist ein zauberhaftes Mädchen mit Down-Syndrom, das im richtigen Leben auf »Station 2« lebt und ein Spiel leitete, dessen Regeln wohl für immer ihr Geheimnis bleiben werden.

Allein sechs Mal befahl sie uns, die Seiten zu wechseln, ihre Pfiffe erinnerten eher an die Lockrufe des Rotkehlchens, und als sei es damit noch nicht genug, entwickelte sie eine helle Freude an den Gelben und Roten Karten. Allein, man ließ sie gewähren.

Ab und an rief sie Dinge wie: »Und jetzt alle hinlegen«, und schoss, wahrscheinlich weil sie mit unserem Goalgetter Stefan liiert ist, sogar ein paar Tore selbst. Irgendwann wurde das Spiel dann von der Pflegeleitung abgebrochen, der Bürgermeister gratulierte mir herzlich und alle waren glücklich.

Guter Zweck hin oder her: Ich hatte noch nie so viel Spaß an einem Fußballspiel. Und Tom auch, denn nach anfänglichem Zögern spielte auch er mit; aus Gründen der Fairness mit Augenklappe, barfuß und »nur mit links«. (Mara achtete streng darauf, dass er nicht schummelte.)

Blöde Eltern

Mein Sohn Tom brachte unseren »Großgruppen-Kurz-
urlaub« folgendermaßen auf den Punkt:

»Die Eltern waren manchmal blöd, aber sonst war
es super!«

Das trifft es ziemlich genau.

Gemeinsam mit vier Erwachsenen, drei größeren
Kindern (eines davon Tom), zwei Katzen und einem
Baby verbrachte ich ein paar Tage an der Nordsee, und
es war, nun ja, wie es halt so ist:

Die größeren Kinder waren laut, aber glücklich,
das Baby war nur laut, und die Katzen (so vermute
ich) wünschten sich insgeheim, nicht als Menschen
wiedergeboren zu werden.

Und wir Eltern, wir waren blöd; vor allem in den
Augen der größeren Kinder, und zwar immer dann,
wenn sie von uns ins Bett geschickt oder zum Watt-
wandern angehalten wurden, wenn wir ihnen die
Gameboys abnahmen oder sie um Mithilfe beim

Tischdecken, Kochen, Abspülen, Katzenstreu- oder Windelnwechseln baten.

Wir konnten allerdings auch ohne die größeren Kinder blöd sein: Eines Abends (die größeren Kinder tollten am Strand herum und mokierten sich lautstark über ihre blöden Eltern, die sie wie immer nur stressten) kamen wir am Abendbrottisch auf das an der Nordsee obligatorische, ungelöste Welträtsel zu sprechen – eine der Frauen wollte nämlich wissen:

»Wie funktionieren eigentlich Ebbe und Flut?«

Um nicht sofort als Depp dazustehen, antwortete ich:

»Das hat mit den Gezeiten zu tun.«

»Sag bloß«, wurde mir beschieden und ich stand als Depp da.

Allein die Erklärung der anderen, »das kommt doch irgendwie von der Schwerkraft und der Mondanziehung«, war auch irgendwie unbefriedigend.

»Apropos Mond«, lautete die Anschlussfrage, »was war doch gleich noch mal der Unterschied zwischen einer Mond- und einer Sonnenfinsternis?«

»Äh, bei der einen braucht man diese Brillen ...«

Vertrackterweise sind bei den Rätseln der Natur die der Technik nicht weit, und so sprachen wir im Folgenden über die absolut ungeklärten Mysterien »Telefon«, »Fax« und »Fernsehen«.

»Ich war früher ja immer enttäuscht«, erzählte einer, »dass das Programm nach dem Aus- und wieder Einschalten nicht an der gleichen Stelle weiterging.«

Eine andere erinnerte sich an klitzekleine Minimenschen, die sie sich in den Apparaten vorgestellt hatte, und ich sagte lieber nichts, weil ich das heute noch tue.

An sich sind solche Diskussionen schnell wieder vergessen, im Ferienhaus an der Nordsee aber weilte neben fünf naturwissenschaftlich unbedarften Erwachsenen, drei Kindern, die diese Erwachsenen ohnehin schon blöd genug fanden, und zwei Katzen, denen alles wurscht war, solange sie nur genug zu fressen bekamen, eben noch ein Baby.

(Noch befinden sich Kleinkind und Katzen zwar auf einer ähnlichen Entwicklungsstufe, aber nicht mehr lang.)

»Irgendwann fängt der Kleine an zu sprechen«, unkte die Mutter, »und dann stellt er Fragen, und wir sind zu blöd, die richtigen Antworten zu geben.«

Pädagogisch beschlagen, wie ich bin, wusste ich:

»Ganz wichtig für ein Kind sind ja zuerst mal grobe Unterscheidungen, damit es sich orientieren kann. Sagen wir so: Alles, was im Haus rumsteht, gehört uns, und dafür, dass es funktioniert, sorgt der Staat. Telefon oder Steckdosen sind sichtbar, und damit die gehen, braucht's die unsichtbare Gewalt.«

Ich war regelrecht begeistert von diesem Gedanken:

»Mit allem machen wir das, mit dem Licht oder dem Klo. Die Schüssel ist unser, und wo das hingeht, ist der Staat.«

Als ob er auf das Stichwort gewartet hätte, begann der Kleine deutlich zu riechen – diesbezüglich war er noch nicht so weit wie die Katzen. Ich erbot mich, das zu übernehmen, zum einen, weil keines der größeren Kinder zur Hand war, das ich hätte verpflichten können, vor allem aber auch deswegen, um meine Theorie nicht noch weiter ausführen zu müssen.

»Gut, dass du noch nicht reden kannst«, sagte ich beim Windelwechseln, während er fröhlich giggelnd auf den Wickeltisch pinkelte.

Und dann dachte ich: Wieso drucken die eigentlich so alberne Bildchen auf die Windeln? Das geht dem Kleinen doch am Arsch vorbei, buchstäblich, ich meine, der hat da keine Augen. Wer da hinguckt, bin ich, und das ist wohl auch die Antwort: Einfach zu verstehende Symbole sind das auf den Windeln, doofe bunte Luftballons und Schmetterlinge für Menschen wie mich und andere blöde Eltern.

Eine Kuh namens Albert

Für meinen Sohn Tom und mich war das schönste Erlebnis dieses Jahres definitiv die Sache mit der Kuh Albert – einer Kuh, die zwar gesichert eine »Sie« war, die Tom aber trotzdem »Albert« taufte; vielleicht weil Johnny Cashs ›A Boy Named Sue‹ als letztes Lied im Autoradio lief, bevor die Batterie schlappmachte.

Es war im Spätherbst, als Tom und ich endlich unseren »Vater-Sohn-Urlaub« in Angriff nahmen: eine Woche in den Bergen, nur wir beide, mit Zelt, ausreichend Proviant und viel Abenteuer. Das war der Plan, als wir Anfang November auf einem gottverlassenen, gefühlt einen Meter breiten Alpensträßlein durch den Schweizer Herbstniesel fuhren.

So viel sei verraten: Unser »Basiscamp«, ein abgelegenes Hochplateau, sollten wir nie erreichen, denn mitten auf der Strecke, umgeben von Geröll, Wald und Einöde stand plötzlich eine Kuh auf der Straße und machte ein Weiterfahren unmöglich. Wir versuchten es mit gutem Zureden, mit Scheuchen, mit Locken, wir probierten sogar – Tierschützer mögen uns vergeben –, das Rind ganz behutsam mit dem Auto von der Straße zu schieben, nichts half. Die Kuh bewegte sich keinen Zentimeter. Selbst dann nicht, als Tom zum Äußersten griff und den fleischigen Hornträger anbrüllte:

»Du blödes Vieh, wenn du nicht weggehst, essen wir dich!«

»Irgendwann wird die Kuh schon verschwinden«, sagte ich, sie tat es nicht.

»Oder der Bauer kommt oder sonst wer«, sagte Tom, aber niemand kam.

Wenn man einige Stunden zum Nichtstun verdammt in der Wildnis steht und einer tonnenschweren Rinderdame beim Wiederkäuen zusieht, wird man sehr demütig, aber auch fatalistisch.

»Weißt du was, Tom«, sagte ich irgendwann, »jetzt schauen wir mal, wer den längeren Atem hat.«

Wir schlugen unser Zelt direkt neben Auto und Kuh am Straßenrand auf, machten ein Feuer, labten uns an unseren Vorräten und freuten uns des Lebens. Die Kuh freute sich ebenfalls, denn am nächsten Morgen stand sie immer noch da – als gäbe es keinen schöneren Ort auf der Welt als eine Schweizer Alpenstraße und keine bessere Gesellschaft als zwei bekloppte Deutsche, die sich hingebungsvoll in ihr Schicksal fügten. Der Tag verging mit Kuh-Angucken, Kuh-Streicheln,

Kuh-Füttern und Mit-der-Kuh-Reden – was man halt gerne so macht im Urlaub. Es war toll.

Auch Albert – Tom hatte die Kuh mittlerweile zärtlich mit Mineralwasser getauft – gefiel es, und zwar so gut, dass sie in der zweiten Nacht ihrer Familie Bescheid gegeben haben musste, denn am dritten Morgen war unser Wagen umringt von einer ganzen Rinderherde. Dass nun auch unser Rückweg versperrt war, machte uns nichts aus, wir wollten nirgendwo anders mehr hin. Das Zusammensein mit treuglotzenden und friedlich vor sich hin schweigenden Rindern ist das beste der Welt, es führt zu grenzenloser Entspannung, Einswerden mit der Natur und der Erkenntnis, dass Indien in der Schweiz liegt.

»Kühe sind wirklich heilig«, entschied Tom und sah deshalb von seinem Vorhaben ab, Albert zu melken. Stattdessen half er rührend und gewissenhaft bei Pflege und Integration des Kälbchens »Bastian-Mesut«.

Nachdem wir zwei weitere glückliche Tage im Kreise unserer neuen Familie verbracht hatten, wanderten wir ins Dorf hinunter, um unsere Vorräte aufzufüllen und »Kuh-Leckerli« zu besorgen.

Als wir zurückkamen, war die Herde verschwunden, und die beiden Gendarmen, die ziemlich ratlos unser Lager sowie das die Straße blockierende Auto betrachteten, kamen in einige Erklärungsnot, als Tom sie heulend und tobend bestürmte, was sie mit »Albert, Bastian-Mesut und den anderen« gemacht hätten.

Toms Trauer mag letztlich der Grund dafür gewesen sein, dass sie uns statt eines Strafzettels Starthilfe gaben und Tom ihnen das Versprechen abnahm, »immer gut auf die Kühe aufzupassen«, bis wir im nächsten Urlaub wiederkämen.

Als wir heimfuhren, waren Toms Tränen einer schwelgenden Erinnerung gewichen, und wir befanden, dass die Bezeichnung »Bullen« für Polizisten im Grunde eine Auszeichnung sei.

Im Autoradio lief ein Song des großartigen Schweizer Songwriters Hank Shizzoe: ›21.264 Cowboys – And No One Lousy Cow Around‹.

Traurige Tage in F.

Einmal im Jahr führt mich mein berufliches Herumrei-
sen in die Stadt F. und jedes Mal ist es schrecklich. Nirgendwo ist meine Sehnsucht nach zu Hause und nach
meinem Sohn Tom größer als in F., nirgendwo stelle
ich mein Dasein mehr infrage, nirgendwo geht es mir
psychisch so schlecht. Die Stadt deprimiert mich zutiefst, dabei liegt F. mitten in Deutschland und nicht
am A. der Welt – aber im Vertrauen: Man kann ihn von
dort schon ziemlich gut sehen.

Für die meisten Menschen sind Schwermutsatta-
cken ein (jahres)zeitliches Phänomen, bei mir liegt es
am Ort: Die Stadt F. ist schuld. Egal, ob Frühling, Sommer, Herbst oder Winter, immer wenn ich dort bin,
leide ich wie ein Hund, immer neige ich zu spontanen
Heulanfällen und immer regnet es.

Natürlich kann man jetzt anführen, dass die Stadt
F. nichts für meine verlässlich dort auftretende Trau-
rigkeit könne, aber der Einwand gilt nicht. Jedes Mal

versuche ich meiner F.-Tristesse zu entkommen, nehme mir einen entspannten Stadtbummel vor, mit lecker Kaffeetrinken und originelle Mitbringsel für Tom kaufen und interessantem Museumsbesuch – aber es klappt nicht, weil es in F. einfach nichts gibt. ES GIBT NICHTS! F. ist keine Stadt, F. ist ein großes schwarzes Loch mit Katholizismus drum herum! (Nur nebenbei: In keinem der innerstädtischen Drogeriemärkte bekommt man Kondome – das ist vom Bistum untersagt! Unfassbar. Auf der anderen Seite: Man braucht auch keine Kondome, man ist ja in F.!)

Schon der Bahnhof – die Rückseite von China und sonst NICHTS! Ein Gleisbett mit Ausstiegshilfe und gegenüber die stadtgewordene Depression! (Ich habe am Bahnhof von F. schon Selbstmörder getroffen, die sagten: »Nee, hier nicht, ich such mir lieber eine andere Stadt!« Wirklich wahr.)

Und jetzt dies: Als ich vor Kurzem wieder in F. war und wie gewohnt des Lebens überdrüssig, in Selbstmitleid schwelgend und trüben Gedanken nachhängend durch die verregneten Straßen lief, entdeckte ich einen Laden, den ich noch nie zuvor gesehen hatte und von dem ich mir sicher bin, dass es ihn auch nur in F. geben kann. Es handelte sich um einen Fachhandel für Gothic-Accessoires; ein Spezialgeschäft, in dem nichts anderes angeboten wurde als Gruftie-Utensilien und Dark-Wave-Zeug: schwarze Ledermäntel, unheimliche Fledermaus- und Vampirismusartikel, Nietenmode. Im Schaufenster hing ein Schild, auf dem zu lesen war »dunkel, düster, dark«, und ich dachte: Da gehe ich jetzt rein, hier finde ich bestimmt etwas, das zu meiner Stimmung passt!

Ich wurde fündig, und was ich fand, lachte meiner Schwermut Hohn, ließ mich alle Vorurteile über F. vergessen und, ja, machte mich auf einen Schlag glücklich. Ich erwarb: schwarzes Klopapier.

So einfach lässt sich Trübsal vertreiben! Es gibt Dinge, die erheitern einen, ob man will oder nicht, und schwarzes Klopapier gehört dazu. Davon kommt man gut drauf, probieren Sie's aus, gerade im Gebrauch ist das ein Quell der guten Laune, des fehlenden Farbkontrastes wegen ... Hätte Goethe das Klopapier aus F. gekannt, seine Farbenlehre hätte anders ausgesehen!

Ich bat die Verkäuferin – eine (typisch für F.) vielfach Mund-Nasen-und-Augenbrauen-gepiercte, pubertierende Rotzgöre –, mir sämtliche Vorräte zu verkaufen. Sie verzog keine Miene (wie auch, wenn das ganze Gesicht festgetackert ist), die Nachfrage nach schwarzem Klopapier schien hier alltäglich zu sein. (Klar, dass meine Schwermut kurz aufflackerte und ich dachte: O Gott, die Pubertät, irgendwann droht mir die bei Tom ja auch, o Gott, o Gott! Ich dachte sogar: Wer pubertierende Kinder hat, für den bekommt der Begriff »Wachstumsbeschleunigungsgesetz« eine ganz neue Bedeutung.)

Aber letztlich tat das meiner guten Laune keinen Abbruch. Heiter überstand ich meinen Aufenthalt in F., heiter kehrte ich heim und heiter bin ich noch.

Und Tom hat sich noch über kein Mitbringsel so gefreut wie über das schwarze Klopapier. Der einzige Wermutstropfen ist, dass die Reserven so langsam zur Neige gehen und ich bald wieder nach F. muss, um Nachschub zu besorgen. Doch wenn ich ehrlich bin: Ich kann's kaum erwarten.

Weihnachten damals und heute

Sagen wir doch, wie es ist: Weihnachten, das waren mal leuchtende Kinderaugen, Spekulatiusduft und Vorabendserien mit Patrick Bach. Heute herrscht Hektik, Agonie und die Uschiglasierung der Gesellschaft.

Und das Schlimmste:

Mein Sohn Tom ruiniert mir die festliche Stimmung. Nicht absichtlich natürlich, einfach nur dadurch, indem er älter wird. Früher hat mich seine kindliche Vorfreude regelmäßig aus der Herbstschwermut gerissen, und heute?

Es ist Ende November, die Vorweihnachtszeit hat noch gar nicht richtig begonnen und Tom hat mir, wie ein erwachsener Vollprofi, bereits seinen Wunschzettel zukommen lassen – per E-Mail. Fehlerlos getippt, mit Preisangaben und den Links zu den Internetshops, bei denen ich seine Sachen bestellen soll (alles so Computerzeugs, von der Hälfte weiß ich noch nicht mal, was es eigentlich ist).

»Arbeitserleichterung für das Christkind« nennt man das wohl, und: »So ist eben der Lauf der Dinge.«

Dem füge ich mich, aber ich bin auch ein gnadenloser Melancholiker, und so denke ich gerne an jene Zeit vor vier Jahren zurück, in der Tom nicht so genau wusste, von *wem* er die Geschenke eigentlich bekommt.

Analytisches, christliches und heidnisches Denken führten einen erbitterten Dreikampf in seinem kleinen Kopf, und das war einfach wunderbar:

»Bringt der Weihnachtsmann allen Kindern die Geschenke?«, wollte er zum Beispiel wissen.

»Ja, Tom, *allen* Kindern, zumindest denen, die brav waren.«

»Das schafft der gar nicht. Das sind zu viele.«

»*Doch* ... das schafft er.«

»Weißt du, was ich glaube? Der Weihnachtsmann bist in Wirklichkeit du!«

»Ich? Nein, ich würde das wirklich nicht schaffen. Ich muss doch den Baum aufstellen und kochen und mit dir in die Kirche, da hab ich keine Zeit.«

»Letztes Jahr warst du aber nicht mit in der Kirche.«

»Aber dieses Jahr gehe ich.«

»Musst du auch. Weil an Weihnachten ist der Jesus geboren worden.«

»Das stimmt.«

»Wann genau?«

»Äh ... abends.«

»Nein, wann das war? In welchem Jahr?«

»Oh ... Also im Jahre null. Und dieses Jahr ist Zweitausendund...«

»So oft hatte der schon Weihnachten?«

»Wenn du so willst.«

»Dann hat der aber schon viele Geschenke bekommen!«

Was habe ich diese Dialoge geliebt.

»Wie oft hatte ich denn schon Weihnachten?«

»Diesmal ist es das sechste Mal.«

»Aber ich bin doch erst fünf.«

»Eben.«

»Versteh ich nicht.«

Es war herrlich, die 24 Türchen des Adventskalenders schaffte Tom spielend, aber bis sechs zu zählen überforderte ihn. Allein die Geschenkfrage ließ ihm keine Ruhe:

»Vielleicht bringt der Jesus ja die Geschenke?«

»Das glaube ich nicht, Tom, *der* ist doch das Geburtstagskind.«

»Ja, früher. Aber jetzt ist er alt, da gibt er Geschenke ab.«

»Aha. Und von wem hat er die Geschenke?«

»Vom Weihnachtsmann!«

Es war einfach zu schön. Und jetzt, wo ich mich daran erinnere, wärmt es mir das Herz. Wäre doch gelacht, wenn sich die feierliche Stimmung nicht doch noch einstellen würde.

Schlachtgesang des Rabenvaters

Ja, ich habe es kapiert. Wenn ich nicht bald mein Larifari-Leben ändere und meinen Sohn besser auf die
Leistungsgesellschaft vorbereite, wird er es zu nichts
bringen. Er wird keinen Job bekommen und zusammen mit seinen adipösen Freunden in dunklen Preka-
riatskellern ein freudloses Alkoholikerdasein fristen,
abhängig von Hartz IV und dem bisschen Geld, das
seine Frau auf dem Strich verdient. Und alles nur, weil
ich ihm das Computerspielen nicht rigoros genug untersagt, ihn nicht auf eine Eliteschule geschickt und
ihm von Zeit zu Zeit ein Nutellabrot gegönnt habe.
Ich hätte es wissen müssen, schließlich stand es doch
geschrieben!

Und ja, auch das habe ich verstanden: Wenn ich
nicht bald mein Larifari-Leben ändere und meinen
Sohn besser vor der Leistungsgesellschaft schütze, wird
das ebenfalls nichts mit dem Erfolg. Er wird keinen Job
bekommen und zusammen mit all den anderen sozial

inkompetenten »Fachwissen-Idioten« und teamun-fähigen »Ellbogen-Ego-Shootern«, für die die hoch-komplexe, vernetzte Globalisierung keine Verwen-dung hat, für immer auf Kleiderspenden und Suppen-küche angewiesen sein. Und alles nur, weil ich ihn nicht zu Kreativität verdonnert, ihn nicht auf eine Alternativ-schule geschickt und ihn von Zeit zu Zeit für gute No-ten gelobt habe. Ich hätte es doch wissen müssen ...

Alle paar Jahre erscheint ein Pädagogikbestseller, der auf drastische Weise vor Augen führt, dass unser Bildungs- und Erziehungswesen völlig falsch ist, dass unsere Kinder allesamt zu »Weichlingen«, »Verlie-rern« und »asozialen kleinen Despoten« erzogen wer-den, die auf dem globalen Arbeitsmarkt gnadenlos untergehen werden, weil viersprachige, perfekt Geige spielende und mehrere Doktortitel tragende 12-jäh-rigen Asiaten sie abhängen.

Diese Bücher reichen von ›Lob der Disziplin‹ über ›Die Mutter des Erfolgs‹ bis zu ›Warum unsere Kinder Tyrannen werden‹ und allen gemein ist das manische Schüren von Zukunftsängsten und das Herauspo-saunen der heiligen Bildungstrias »Leistung, Strenge und Gehorsam«.

Liebe Supermamas und Internatsväter, es reicht! Ich werde meinem Sohn nicht mit dem Entzug von Essen und dem Verbrennen von Spielzeug drohen, damit er zu einem wertvollen und erfolgreichen Mitglied der Gesellschaft wird.

Es gibt Gesellschaften, von denen sollte man sich fernhalten!

Und ich werde auf der anderen Seite ebenfalls nicht in den Chor der reflexartig auftretenden »Zucht und Ordnungs«-Gegner einstimmen, die unter umgekehrten Vorzeichen ebenfalls Bildungspanik verbreiten, in »G8« und »Überforderung« den Untergang des Abendlandes sehen und Alternativschulen mit »Förderkurs Häkeln«, Süßigkeitenverbot und täglichem Elternkreis zum Thema »verbale Gewaltprävention im Sandkasten« für den einzigen Ausweg halten.

Schon interessant: Beide Wege, die Disziplinschmiede wie das Alternativmodell, setzen auf späteren Erfolg und sind zutiefst elitär. Das kann man schon daran erkennen, dass beide sehr teuer und nur einer Minderheit vorbehalten sind.

»Mein Kind soll es später einmal besser haben« und »Früher war alles besser«: Um die Kombination dieser beiden Sätze kreisen alle Pädagogikbestseller und vielleicht fällt irgendwem mal auf, dass das nicht nur einen unauflösbaren Widerspruch darstellt, sondern auch, dass schon jeder Satz für sich genommen grundfalsch ist.

Viel wäre gewonnen, wenn man die grassierende »Elternliteratur« einfach links liegen ließe, denn »Angst essen Seele auf«. Und das Denken gleich mit! Alles Wichtige steht bei ›Pippi Langstrumpf‹ und den ›Herdmanns‹. Und bei François Rabelais, der einmal geschrieben hat: »Ein Kind ist kein Gefäß, das gefüllt, sondern ein Feuer, das entzündet werden will.« Daran werde ich mich orientieren. Mit all meiner Kraft und Liebe. Und ansonsten: gelassen bleiben. Lieber Rabenvater als Tigermutter!

Ich werde auch die Lehrerin a.D. Ursula Sarrazin, Gattin des erklärten deutschen Chefphobikers Thilo, überstehen. Ihr »Debattenbuch« ›Hexenjagd: Mein Schuldienst in Berlin‹ ignoriere ich heiter.

Angeblich soll sie einmal einem Schüler eine Blockflöte über den Kopf gezogen haben. Der Kopf blieb heil, das Instrument war kaputt – das ist doch ein Anfang: Von deutschem Boden dürfen nie wieder Blockflöten ausgehen!

Hier spricht Tom

Hallo, hier spricht Tom.

Normalerweise macht ja mein Papa dieses Buch, aber heute mach ich das, damit's schneller geht und wir spielen können.

Schreiben muss ich nicht, ich sitze in meinem Zimmer und nehme das einfach auf ... läuft das überhaupt schon? Papaaa, wo muss ich da noch mal draufdrücken? ... Wieso auf »Pause«? ... Ah, jetzt geht's, glaub ich. Blödes Ding.

Also: Ich spreche einfach in das alte Kassettenteil vom Papa rein und er muss das dann nur noch abschreiben. ... Nimmt das jetzt auf oder nicht? Papaaa! O.k., es funktioniert.

Geh jetzt! Ich krieg das schon alleine hin. Papa! Raus jetzt!

Weg ist er.

Ich hab ihm schon erklärt, dass es für solche Sprachsachen ein Programm für sein Handy gibt und dass ich's ihm runterladen würde, weil er zu blöd für so was ist. Das kann man dann direkt an den Compi anschließen und muss gar nichts mehr machen, das schreibt von selbst. Hab ich mit dem Paul mal in der Schule gemacht. Mit dem Handy von Pauls Vater. Aber der Papa wollte das nicht.

Machen wir's eben mit diesem Ding. Da muss man auf »Record« und »Pause« gleichzeitig drücken und dann noch mal auf »Pause«, bescheuerter geht's echt nicht.

Gut. Der Papa hat gesagt, dass er heute keine Zeit zum Spielen hat, weil er noch ein Kapitel machen muss, und da hab ich gesagt, dass ich das schneller kann.

Aber wir haben ausgemacht, dass er alles so schreiben muss, wie ich's gesagt hab. Und dass er nicht schimpfen darf!

Ich find das mit den Texten nämlich manchmal blöd. Immer wenn ich mit ihm spielen will, muss er schreiben. Und dann schreibt er oft Sachen, die gar nicht stimmen. Also, die stimmen schon, aber nicht so ganz. Zum Beispiel, dass ich in die Carina verliebt war. Weil sie mir ihre Fußballbildchen geschenkt hat. Die Wahrheit ist, dass *die* in *mich* verliebt war, und den Liebesbrief habe ich nur geschrieben, damit ich die Bildchen krieg. Da waren aber fast nur doppelte dabei und inzwischen ist die Carina eh in den Luka.

So was müsste der Papa echt genauer schreiben. Außerdem find ich's blöd, dass er raucht. Das ganze

Zimmer stinkt voll pestig. Aber sonst ist es o.k. Moment, ich muss mal kurz aufs Klo. (...)

Da bin ich wieder. Hab mir noch schnell 'ne Cola geholt. Da braucht der Papa gar nicht zu maulen, der trinkt auch immer Kaffee, wenn er schreibt. Die Zeitung, wo seine Texte drin sind, finde ich übrigens ganz gut, nur für Kinder müssten sie öfter was machen, so über Fußball oder über Krieger!

Jetzt fällt mir nichts mehr ein ... Papa! Papaaa! (...)

Ich glaub's ja nicht. Der sitzt unten und spielt mit meinem Gameboy! Den hab ich ihm jetzt weggenommen, dann sieht er mal, wie das ist. Außerdem blickt er's eh nicht.

Aber ein bisschen muss ich noch, hat der Papa gesagt, und wenn mir nichts einfällt, soll ich einfach aus meinem Leben erzählen, was ich gut find oder was mich nervt und so.

Hm, eigentlich finde ich alles ganz o.k., nur die Schule nicht. Weil da alle voll rumstressen, damit sie aufs Gymmi kommen. Der Luka kriegt sogar einen Hund, wenn er's aufs Gymmi schafft. Das ist ja wohl megablöd. Ich möchte keinen Hund! Der Luka will, glaub ich, den Hund auch nur, weil die Carina Hunde mag, und nicht wegen dem Gymmi.

Außerdem finde ich Hauptschule oder Real gar nicht schlimm, die geht wenigstens nicht so lang. Aber dazu bräuchte ich schlechtere Noten, und das schaffe ich nicht. Am besten wär's eh, wenn alle auf dieselbe

Schule kämen. Dann gäb's keinen Streit. Und der Stress wär auch weniger.

So, jetzt ist es aber genug. Tschüss.

Bankenkrise

Mein Sohn Tom hat mal wieder Geldprobleme. Diesmal kann man allerdings nicht von einer vorübergehenden Ebbe im Portemonnaie sprechen, diesmal ist es ernst. Eine völlig verfehlte Sparpolitik, absurde Investitionen und eine mutwillig zertrümmerte Autoscheibe haben seine Finanzsituation prekär werden lassen und an eine baldige Konsolidierung ist nicht zu denken. Geburtstag war schon und bis Weihnachten ist es noch weit.

(Wo, zum Teufel, war eigentlich die Finanzaufsichtsbehörde, als Toms Kreditgeber eine Taschengeldvorauszahlung bis 2014 bewilligt haben?)

Man kann es nicht anders sagen: Mein Sohn sitzt auf einem schier untilgbaren Schuldenberg. Tom ist Griechenland!

Und so setzte er denn seinen Dackelblick auf, sah mir tief in die Augen und sagte den schwer zu entkräftenden Satz: »Papa, ich habe Bankenkrise!«

Was soll man hierauf erwidern, ohne in den Jargon deutscher Spitzenpolitiker und Boulevardmedien zu verfallen? Ich möchte nicht von »faulen Hellenen« und »Lasten des Steuerzahlers« sprechen. Und schon gar nicht den mittlerweile salonfähig gewordenen Satz »Die Griechen müssen ihre Hausaufgaben machen« aussprechen. Nicht nur, dass ich das Kompositum »Hausaufgaben« in so ziemlich allen Zusammenhängen verabscheue, im vorliegenden Fall ist es altväterlich und zynisch!

Das Problem ist hausgemacht und abgesehen davon bin ich der falsche Adressat. Ich lebe, seit ich denken kann, knietief im Dispo und habe selbst immer Schulden. Dass es, nebenbei bemerkt, in dem ganzen Euro-Schlamassel jetzt meine Bank ist, die mal Schulden hat, finde ich gar nicht so schlecht, lernt sie das Gefühl endlich einmal kennen!

(Zur Erinnerung: Der deutsche Beitrag zum ersten Rettungsschirm Griechenlands betrug 20 Milliarden Euro. Was ist das, im Vergleich zu den 500 Milliarden, die deutsche Bürger zur Rettung der *deutschen* Banken berappten? Allein die Commerzbank bekam 19,4 Milliarden, also praktisch Griechenland. Wenn ich mich entscheiden müsste ... Friedrich Küppersbusch hat das einmal schön formuliert: »Wer, bitte, möchte in der Commerzbank Urlaub machen?«)

Schon klar: Politisieren hilft in der konkreten Finanzmisere wenig. Was also tun? Den »europäischen

Weg« gehen und Tom weitere Kredite zugestehen sowie einen radikalen Sparkurs verordnen? Dass das nicht funktionieren wird, kann selbst ein Grundschüler ausrechnen.

Also nahmen wir im Kleinen vorweg, was im Großen geschah: Veräußerung des Tafelsilbers auf dem Flohmarkt und dann der »Schuldenschnitt«, also Erlass aller Verbindlichkeiten, um einen wirtschaftlichen Neuanfang möglich zu machen. Und weil jeder Beginn eine Anschubfinanzierung braucht, beschlossen Tom und ich, (mal wieder) das »heilige Leder« zu schlachten. Das »heilige Leder« ist ein fußballförmiges Sparschwein, in das wir seit je unser Kleingeld schmeißen, und das trugen wir auf die Bank.

In Gedanken hörten wir schon die Münzen durch das Zählgerät rattern, wir spürten bereits die Spannung, wie viel es diesmal wohl sein würde, und freuten uns im Vorfeld über die fünf oder zehn Euro, die es für gewöhnlich sind ...

Dementsprechend groß war unsere Wut und Enttäuschung, als uns der Bankmensch eröffnete, dass es das Münzzählgerät nicht mehr gebe. Man müsse das Geld stattdessen einschicken, es werde dann auf dem Konto gutgeschrieben und, so fügte er hinzu:

»Dafür erheben wir eine Gebühr von fünf bis zehn Euro.«

»Dann ist das ganze Geld ja weg«, schrie Tom, »Verbrecher!«

Der Mann hinter dem Schalter zuckte nur mit den Achseln und mir wurde es zu blöd.

»Wissen Sie was, ich schmeiße die Münzen jetzt hier auf den Boden, machen Sie damit, was Sie wollen.«

»Das würde ich bleiben lassen«, sagte der Banker, »so etwas müssen wir strafrechtlich verfolgen.«

»Aha«, wütete ich, »und weswegen genau?«

»Sachbeschädigung«, sagte er trocken.

Das ist schon eine ganz eigene Komik: In einer Bank Geld auf den Boden werfen ist Sachbeschädigung ...

Wir überwanden unsere Bankenkrise letztendlich ohne Bank und vielleicht ist das nicht der schlechteste Weg. Und dreimal dürfen Sie raten, wohin Tom in Urlaub möchte.

Wenn Eltern sprechen

Elternsprechabend.

»Soll ich nicht lieber hier bei dir bleiben?«, versuche ich es.

»Nein, nein«, sagt mein Sohn Tom, »geh ruhig, ich kriege das zu Hause prima alleine hin.«

»So wichtig ist das nun auch nicht, dass ich da hingehe«, sage ich.

»Doch, ist es«, sagt er.

»Ach was«, sage ich, »da wird eh nur belangloses Zeug ...«

»Du musst!«, schließt er das Thema ab, »Elternabend ist Pflicht!«

Es ist noch nicht so lange her, da ging die Welt im Kindergeheule unter, wenn ich abends mal wegwollte, jetzt kann es gar nicht oft genug sein – und so gut kann ich Süßigkeiten und Fernbedienung gar nicht verstecken, dass Tom sie nicht findet.

»Ab ins Bett jetzt«, sage ich, als ich gehe.

»Viel Spaß«, ruft er mir grinsend nach.

So habe ich mir das nicht vorgestellt: Mein Sohn macht sich einen gemütlichen Fernsehabend und ich muss in die Schule.

Wenn Eltern sprechen ... Ich sitze auf einem winzigen Stuhl in einem muffigen Klassenzimmer und will nichts davon hören, dass die Kuchen für den Schülerbazar bitte glutenfrei sein sollen und »keine Schokoriegel in die Vesperbox« und dass noch »Begleiteltern« für den Wandertag fehlen – was bitte sind »Begleiteltern«? – und natürlich:

»Wer besorgt die Girlanden fürs Schulfest?«

»Das Thema ADS sollten wir noch mal vertiefen.«

»Ich möchte bitte die letzte Mathearbeit auf die Tagesordnung setzen und glaube, da spreche ich im Namen aller.«

In meinem nicht! Ich verstopfe meine Ohren vor dem elitären Elterngetöse, dass die noch nicht zutage getretene Hochbegabung des Sprosses einzig und allein am zu laschen Unterricht liege.

»Man muss Kinder nicht nur fördern, sondern auch fordern«, sagt eine teuer kostümierte Mutter und droht beifallheischend, dass es schließlich auch noch andere Schulen in dieser Stadt gebe.

»Wobei, das eine sage ich Ihnen«, raunt mir ein feister Anwalts-Papa zu, sollte sein Sohn im nächsten Bio-Test wieder nur eine Drei bekommen, erwäge er rechtliche Schritte. Weil ich nicht antworte, tauscht er mit jemand anderem Erfahrungen darüber aus, welcher Cello- und Klavierlehrer der beste sei.

»Entschuldigung«, kumpelt mich eine fragwürdig zurechtgeschminkte Mutter in bester Spätgebärendenprosa an, »und was spielt Ihr Sohn?«

»Computer und Fußball«, zische ich zurück.

Elternsprechabend.

»Mobbing – so weit würde ich nicht gehen«, sagt ein anderer Vater, der schon den ganzen Abend durch fingerschnipsendes Dauermelden unangenehm aufgefallen ist, aber er finde es schon beängstigend, wie einige Kinder hier ausgegrenzt würden, auch sein Jonathan-Elias tue sich trotz guter Schulnoten und reger Mitarbeit schwer, Freunde zu finden.

Weil er genauso ein dämlicher Streber ist wie sein Vater, denke ich, und das ist das Schreckliche am Elternsprechabend: Hier sprechen die Abziehbilder der Kinder, die exakten Blaupausen der Schleimer, Wortführer, Lehrertaschenträger und Angeber. Die Äpfel fallen nicht weit von den Stämmen ... Und was ist mit den Turnbeutelvergessern, Schweigern und künftigen In-der-Raucherecke-Stehern?

Ein paar Eltern hätten bislang noch gar nichts gesagt oder beigetragen, unkt das teure Kostüm in diesem Moment, und ob ihnen das Wohl ihrer Kinder nicht auch am Herzen liege? Viele Augenpaare richten sich auf jene Versprengten, die bislang teilnahmslos in den hinteren Bänken saßen und wie ich hofften, dass das hier vorübergehen möge. Schnell erkenne ich in ihnen die Eltern von Toms Freunden Paul, Felix und Luka. So langsam entspanne ich mich.

»Dass passt schon«, sagt Pauls Vater, um das peinliche Schweigen zu durchbrechen, mit manchen aus der Klasse komme sein Sohn gut aus, mit anderen nicht so, aber das sei o.k. für ihn.

»Alles in allem fühlt er sich wohl in der Schule und ich vertraue ihm.«

Ich nicke. Dann ertönt der Gong.

Das Kostüm und der Anwalt stürzen auf die Lehrerin zu, weil sie noch »etwas loswerden wollen«, der Vater von Jonathan-Elias wischt die Tafel. Ich gehe mit Pauls Papa ein Bier trinken.

Zu Hause liegt Tom friedlich und zufrieden in seinem Bett. Ich vertraue ihm.

Bio, Geo, Thüringen

»Das ist so ein Scheiß!«, brüllte mein Sohn Tom, als er sich kurz vor den Sommerferien auf die letzte anstehende Biologiearbeit vorbereiten sollte, »wozu soll ich das lernen? Das braucht kein Mensch!«

Mit »das« meinte Tom das Lernthema »Amphibien« und, ehrlich gesagt, war (und bin) ich seiner Meinung: »Der exakte Bauplan«, »die Organe« sowie »die verschiedenen Fortpflanzungsarten« von Lurch, Molch, Salamander, Frosch und Kröte gehören – wie ich finde – nicht zwingend zum Kanon des Wissens, welches man ständig abrufbereit mit sich herumschleppen muss. So nutzte Tom denn seine frisch erworbenen Kenntnisse in Mathe, addierte und dividierte sich aus, dass eine schlechte Bionote seine Versetzung nicht gefährden würde, und ließ mit väterlichem Segen Frosch und Kröte ungelernt.

(Unkommentiert ließ ich seinen Satz: »Wenn wir im Unterricht wenigstens so ein Viech zum Aufschneiden hätten, aber das dürfen wir ja nicht«, weil ich das zu meiner Schulzeit sehr wohl durfte und in schrecklicher Erinnerung habe.)

Während die Rechnung in Bio aufging, verhielt es sich im zweiten »Lernfach«, Geo, anders: Hier musste aufgrund von Versäumnissen im laufenden Schuljahr eine befriedigende Zensur im letzten Test her, weswegen Tom und ich kurz vor dem Urlaub fleißig deutsche Flüsse, Gebirge, Bundesländer und deren Hauptstädte paukten. Dem Internet sei Dank machte das ziemlichen Spaß, ich weiß endlich, wo der Spessart liegt, und mein Sohn erreichte das Klassenziel.

(Für Eltern mit ähnlichen Problemen hier ein kleiner Service: Toll ist die Seite »sanderbar.de«, und hilfreich ist es nebenbei, in die Suchmaschine der Wahl nicht »Gibt es denn in diesem verdammten Internet nicht irgendwo eine Deutschlandkarte, in der Städte, Flüsse und Berge eingezeichnet, aber nicht beschriftet sind« einzugeben, sondern einfach »stumme Karte«. Wieder was gelernt!)

Weil man aber durch eigene Anschauung bekanntlich am meisten mitkriegt und Reisen überdies bildet, wir ohnehin nicht so weit wegwollten und außerdem wussten, wie die Hauptstadt heißt, fuhren wir im Urlaub ins »grüne Herz Deutschlands«, nach Thüringen.

Die Wartburg also, und um es kurz zu machen: Mit Abstand am besten gefielen Tom dort die Kanonen. Der unsichtbare Tintenfleck in der Lutherstube interessierte ihn aber auch: »Vielleicht hat der Luther Zaubertinte benutzt«, flüsterte er, »obwohl, die gab's damals ja noch gar nicht.« So was weiß mein Sohn, schließlich ist er ein erfolgreiches Schulkind, was er während der Burgführung umgehend unter Beweis stellte: »Hat der Luther mit Geha oder Pelikan geschrieben?«

Das sei wohl eine »typische Westfrage«, meinte darauf unser Fremdenführer, dessen tiefster Thüringer Dialekt nicht so recht zu seinem ans Revers gesteckten Schild mit der Aufschrift »Guide« passen wollte. (Tom

wiederum konnte mit »Ost-« und »Westdeutschland« nichts anfangen, weil Geschichte in der Schule erst später kommt.)

Für den Rest der Ferien verfügten wir uns an einen humorvolleren Ort, den Nationalpark »Hainich«, inklusive Baumkronenpfad, Fußballplatz und Thüringer Würstchen.

Dort lernten wir, dass dieser Park früher einmal Manövergelände der Nationalen Volksarmee war, zum Glück, denn in den tiefen Furchen, die die Panzer einst durch den feuchten Waldboden gezogen haben, konnte eine vom Aussterben bedrohte Gelbbauchunkenart wieder heimisch werden. Leider nehme die Unkenpopulation derzeit rapide ab, erzählte uns der Parkwächter, weil die Furchen mehr und mehr zuwüchsen. Die Grünen hätten deswegen im zuständigen Stadtrat den Kauf eines alten NVA-Panzers beantragt, auf dass er ein paar Mal durch den Buchenwald brettere. Die Viecher werden es ihnen danken. (Nicht auszudenken, wenn die »unblutige Revolution« doch späte Opfer zu beklagen hätte.) Noch gibt es allerdings diese Krötentiere, Tom fing nämlich eines der raren Exemplare, und nur mit Mühe konnte ich ihn davon abhalten, es zu »Lernzwecken« aufzuschneiden.

Resümierend lässt sich sagen, dass wir einen prima Urlaub hatten und so einiges gelernt haben in der »starken Mitte Deutschlands«, wie sich der Freistaat bis vor Kurzem selber pries. Der aktuelle Slogan Thüringens lautet: »Hier hat Zukunft Tradition!« Na dann.

Irgendwie passt dieser schwersinnige Satz auch zu Toms Lehrplan.

Nur falsche Kleidung

In der Schule, auf die mein Sohn Tom nicht gern, aber doch regelmäßig geht, gibt es in der Eingangshalle zwei riesengroße sogenannte »Schlamperkisten«.

In die eine – immer gut gefüllte – schmeißt der Hausmeister all die Jacken, Mützen, Pullis, Federmäppchen und Brotzeitdosen, die die Kinder irgendwo vergessen oder liegengelassen haben. Jeden Nachmittag bildet sich dort eine wilde und wütende Menschentraube, bestehend aus entnervten Eltern, welche unter Gebrüll und Geschubse nach den verlustig gegangenen Dingen ihrer Zöglinge wühlen.

Ich gehöre nicht zu diesen Eltern, denn in der anderen Kiste (die noch voller ist als die erste) stapeln sich ausschließlich Sachen von Tom, was die Suche vereinfacht.

Mein Sohn ist der König der Schlamper, und weil Königen von jeher eine gewisse Ehre zuteilwird, hat er seine eigene Kiste. Das macht mir zwar das Finden leichter, ist aber natürlich trotzdem ein steter Quell der Enervierung und Peinlichkeit. Die anderen Eltern werfen mir hasserfüllte Blicke zu, weil sie für ihre Kinder auch eine eigene Kiste wollen, aber dazu müssten diese so viel Zeug verlieren wie Tom und das ist nicht zu schaffen.

Das Schlimme daran: Tom ist an sich weder vergesslich noch unordentlich, er »verlegt« seine Sachen aus purer Absicht. Mittlerweile bin ich sogar überzeugt, dass er bestimmte Dinge gar nicht irgendwo liegenlässt, sondern bei vollem Bewusstsein und direkt in die Kiste entsorgt – das würde auch sein blendendes Verhältnis zum Hausmeister erklären, dem er so einiges an Arbeit abnimmt ...

Der Hintergrund des Ganzen: Tom ist jetzt cool. Sein adoleszenter Körper meldet seinem vorpubertierenden Hirn, dass bestimmte Sachen »aber so was von gar nicht gehen«, und das Hirn befiehlt Vollzug. Weg damit, ab in die Kiste!

Leider ist das mit dem Coolsein bei Tom wörtlich zu verstehen, denn die Sachen, die Tom »verliert«, sind in erster Linie: *warme* Sachen. Häufig geführte Vater-Sohn-Dialoge hören sich bei uns deswegen so an:

»Tom, wie kann man bitte seinen Mantel, seine Mütze und seine Winterstiefel in der Schule vergessen?«

»Ich habe einfach nach Turnen mein Sportzeug angelassen, Papa, kann doch mal passieren.«

»Das passiert dir aber andauernd!!! Außerdem hattest du doch heute gar keinen Sportunterricht ...«

»Mir war einfach warm, reg dich nicht auf! Die anderen haben auch Turnschuhe an.«

Ich sage dann verbotene Elternsätze wie »Du bist aber nicht die anderen« oder »Es ist Winter und außerdem waren die Stiefel teuer« und Tom grinst:

»Die werden schon wieder auftauchen, Papa, sind bestimmt in der Kiste.«

Ich gebe zu, dass ich in pädagogischen Fragen zur sinnvollen Winterbekleidung von Schulkindern etwas lax bin, weil meine Eltern diesbezüglich eine Paranoia hegten, die ich nicht wiederholen möchte. Aus Angst, ich könnte erfrieren (der Junge verlässt das Haus und erfriert spontan auf dem Schulweg, soll ja vorkommen), schickten meine Eltern mich seinerzeit ab Anfang September mit Bommelmütze, Schal und Handschuhen los und machten mich so zum Gespött der anderen. Natürlich handelte es sich um selbstgestrickte Fäustlinge, die auch noch von einem Bändchen zusammengehalten wurden, damit sie der kleine Trottel nicht verliert. (Eine Schlamperkiste gab es damals noch nicht.) Und selbstredend wurde ich auch noch in Strumpfhosen gesteckt, solche in geschmackvollem Kackbraun, ohne Eingriff und ebenfalls aus kratzender Wolle selbst gefertigt. Bis heute bin ich der Überzeugung: Die Welt wäre besser, wenn Mütter nicht stricken könnten!

Das möchte ich meinem Sohn gerne ersparen; der Preis dafür ist ein im Winter dauererkältetes Kind, was dieses nicht anficht, weil cool den Rotz hochziehen einen prima Kontrast zu seinem gewählten Erscheinungsbild der tiefhängenden Hose darstellt.

»Tom, du holst dir noch eine Blasenentzündung.«

»Das kriegen nur Mädchen, Papa!«

Ich bin ratlos und bis auf Weiteres fahre ich also im Winter dreimal die Woche zur Schule, um Toms warme Sachen zu holen, auf dass er sie wieder dort deponiert.

Irgendwann, hoffe ich, wird der Klimawandel das Dilemma lösen oder die Bekleidungsindustrie besinnt sich: Ich habe alles probiert, aber Wintersachen für angehende Jugendliche gibt es nicht in cool!

(Wenn Sie sich überzeugen wollen, gucken Sie in Toms Schule nach: Eingangshalle, linke Kiste, dort bekommen Sie einen guten Überblick.)

Splitter zur Fastenzeit

Es ist Fastenzeit, und nur weil das weder in meiner Familie noch in meinem Bekanntenkreis irgendjemand interessiert (weil wir Genuss und Ausschweifung der Buße nun mal vorziehen), heißt das nicht, dass sich speziell mein Sohn Tom und seine Freunde keine spirituellen Gedanken machen würden ... Im Folgenden einige (beinahe) unkommentierte Splitter zur Vorbereitung aufs österliche Hochfest:

»Man muss dem Jesus echt dankbar sein«, sagt Tom, als er mit Paul und Luka am Wohnzimmertisch sitzt, um auf den anstehenden Test im Fach Religion zu lernen, »wegen der Ferien! Ohne Jesus kein Weihnachten und kein Ostern, so einfach ist das.«

»Und kein Pfingsten«, ergänzt Luka. »Was war da eigentlich?«

»Keine Ahnung«, sagt Paul, »irgendwas mit dem Heiligen Geist, der hat da was verschüttet, glaube ich, müssen wir aber nicht können, das kommt erst nach Ostern dran. Wie ich mich auf den Urlaub freue ...«

(Ich mich auch.)

Weil Kreuzigung und Wiederauferstehung letztes Jahr Stoff waren, sind diesmal die Zehn Gebote und das Glaubensbekenntis zu lernen.

»Wie geht noch mal das fünfte Gebot?«, fragt Paul.

»Weiß ich doch nicht«, entgegnet Luka, »guck halt im Netz.«

»Dürfen wir mit dem Computer, Papa?«

»Nein!«

»Reli braucht echt kein Mensch«, sagt Paul.

»Ich bin noch nicht mal getauft«, assistiert Tom, »lass uns lieber chillen.«

(Dass er niemand töten soll, weiß er hoffentlich auch so.)

»Papa, bringst du uns was Süßes?«

»Ich denk ja gar nicht dran, Tom.«

»Jetzt sei nicht so uncool!«

»Ich bin doch hier nicht der Bringdienst, außerdem ist Fastenzeit.«

»Hast du deswegen mit der Mama gestern zwei Flaschen Wein getrunken? Frag ich halt die. MAMAA!«

»Nicht so laut! Die Mama hat sich hingelegt – wegen ihrer Kopfschmerzen.«

»Was Süßes oder ich brülle!«

»Vorher schreibst du hundert Mal das vierte Gebot ab!«

»Wie geht das noch mal?«

(Du sollst Vater und Mutter ehren – verdammte Kröte!)

Wieso haben die Jungs überhaupt Religion?

Luka, weil er katholisch ist, und Tom und Paul, weil der alternative Ethikunterricht am Nachmittag wäre.

»Dann geh ich lieber in Reli«, sagte mein Sohn, »bevor ich mir den Nachmittag auch noch versaue!«

(Non scholae, sed vitae discimus.)

Luka kaut genüsslich an seinem Schokoladenriegel und wird grundsätzlich: »Wisst ihr, was ich blöd finde? Dass die Taufe so früh ist. Da kann man die Geschenke gar nicht genießen.«

Tom und Paul zucken mit den Schultern.

»Du hast ja bald Firmung, Luka«, sage ich.

»Was ist'n das?«, fragt er zurück, »so was wie die Pubertät?«

(Fast.)

Auf den Philippinen gibt es den Brauch: Wenn die Osterglocken läuten, fassen die Eltern die kleinen Kinder beim Kopf und heben sie hoch. Sie glauben, dass die Kinder so größer, schlauer und höflicher werden.

(Hätte ich vielleicht machen sollen – früher.)

Tom erhält eine Zwei im Religionstest. Sein einziger Fehler war die unzulässige Zusammenlegung des vierten mit dem fünften Gebot: »Du sollst Vater und Mutter nicht töten.«

(Immerhin.)

Zum guten Schluss

So. Das war's dann mit Toms Abenteuern. Und mit meinen.

Es ist nicht so, dass es nichts weiter zu berichten gäbe. Ich erinnere mich zum Beispiel daran, wie Tom eines Tages beschloss, dass »Geld gar nicht so wichtig« sei, und an die Woche, in der er mir das bewies.

»Eine Woche überlebe ich locker ohne euer Geld, Papa«, sagte er, und freches Schnorren, noch frechere Straßenmusikdarbietungen, charmantes Betteln in der Innenstadt sowie das Plündern des ein oder anderen Hotel-Buffets waren dabei noch die weniger aufregenden Dinge, die er tat.

Dann erinnere ich mich an den Tag, an dem Tom unbedingt mal auf eine Beerdigung wollte, weil er noch nie eine erlebt habe, und wie er so lange auf dieser fixen Idee beharrte, bis wir dann tatsächlich zu Anschauungszwecken die Trauerfeier eines wildfremden Menschen besuchten. Ich erinnere mich, wie

Tom diese Abschiednahme schnell zu langweilig wurde und wie er es durch penetrantes Nachfragen (»Hat der ein Kopfkissen in seinem Sarg?«) schließlich schaffte, mich vor Scham fast im Boden versinken zu lassen und gleichzeitig die Trauergesellschaft derart zu erheitern, dass wir zum Leichenschmaus eingeladen wurden und der Pfarrer fragte, ob Tom nicht öfter kommen könne.

Natürlich erinnere ich mich weiterhin an die unzähligen Male, die wir zu Hause Verstecken spielten, Tom die dümmsten Verstecke der Welt wählte und ich so tun musste, als fände ich ihn nicht; erinnere mich, wie wir fast verzweifelt wären an den zu erlernenden komplexen Fähigkeiten »Schuhebinden« und »Uhrlesen« und dass die einfachen Auswege letztlich »Klettverschluss« und »Digitalanzeige« hießen; erinnere mich, wie ich früher ihn beim Fußball gewinnen ließ und er heute mich und dass mich das rasend macht; überhaupt machte mich vieles oft rasend und sauer und wütend, und nicht selten lieferte Tom gute Gründe dafür; ich erinnere mich an Tage, an denen ich ihn am liebsten einfach nur in den Senkel und anschließend in die Ecke stellen wollte, was ich dann aber doch nie tat – und das Schlagen von Kindern in Deutschland wurde ja durch die Neufassung von Art. 1631 BGB gesetzlich verboten (im Jahre 2000, gerade noch rechtzeitig vor Toms Geburt, Glück gehabt, Sohn)!

An all das erinnere ich mich, und auch daran, dass ich eigentlich vorhatte, viel mehr Strichpunkte in meine Texte einzubauen, weil ich dieses Satzzeichen so liebe und Tom es bis heute nicht kapiert, aber einen seiner wunderbarsten Lachanfälle bekam, als er erfuhr, dass der Plural von »Semikolon« »Semikola« lautet, was ihn wiederum bis heute daran erinnert, dass es Wichtigeres als Deutschhausaufgaben gibt, nämlich immer wieder neue (meist erfolgreiche) Wege zu finden, seinem Vater »ein verbotenes Getränk« herauszuleiern.

Allein, irgendwann ist es auch wieder gut mit Erinnern und Berichten, schließlich gibt es noch anderes, über das man schreiben kann. Vielleicht liegt mein Entschluss, erzählerischen Abschied zu nehmen, auch daran, dass es auf Toms neuer weiterführender Schule nicht mehr so lustig ist wie bisher, nicht mehr so spielerisch, dass Begriffe wie »Druck« und »Leistung« auf einmal plastisch werden, von »Pubertät« ganz zu schweigen.

Den letzten Ausschlag aber gab, so glaube ich, der neue Direktor, der in seiner »Antrittsrede« davon sprach, dass es für die Kinder von nun an darum gehe, fleißig zu sein, sich durchzusetzen und besser zu werden, um sich schlussendlich – »Schwarmintelligenz hin oder her« – zu einem »Falken zu entwickeln«, der »wissend und stolz seine Kreise zieht«, und nicht darum, »einfach in der Schar weiterzufliegen«.

Wie unglaublich schäbig, dachte ich, als ich das hörte, aber ich dachte auch: Den kriegen wir schon noch klein, wäre doch gelacht, Tom schafft das, er hat Mut, einen gesunden Menschenverstand, Freunde und – ja, auch dies – Eltern.

Und an die Krammetsvögel dachte ich. Das sind flinke Flieger, die man nur in Scharen sieht und die sich gegen ihren größten natürlichen Feind, den Falken, derart zur Wehr setzen, dass sie sich blitzschnell, und immer im Schwarm, in die Lüfte erheben und dann wie auf Kommando ihre Exkremente fallen lassen und dem Falken so das Gefieder verschmutzen und ihn zur Strecke bringen. Anders gesagt: Sie scheißen ihn zu!

Das wird schon, dachte ich, das wird alles schon, wenn du Hilfe brauchst, Tom, ich werde da sein. Und dann kam mir ein Ausspruch in den Sinn, der mir schon oft verlässlicher Orientierungspunkt meiner Rabenvaterschaft war, ein Ausspruch, der diesem Buch bereits als Motto voransteht und der wahlweise Johann Wolfgang von Goethe oder Khalil Gibran, den Indern oder den Neuseeländern zugeschrieben wird. Ich zitiere – zum guten Schluss – den libanesischen Philosophen, weil er (im Gegensatz zum deutschen Dichter) ein Semikolon verwendet:

»Solange die Kinder klein sind, gib ihnen Wurzeln; sind sie älter geworden, gib ihnen Flügel.«

In diesem Sinne! Adieu und auf Wiedersehen.

Nachwort und Dank

Für Kritik, Anregung und Hilfe danke ich: Katharina Festner, Rosemie Mailänder, Philip Waechter, Inka Bachmann, Achim Frenz, Bernd Gieseking, Urs Wiegering, Frank Schmeißer, Hannes Ringlstetter, Susi Reh, Dieter Schwarz, Tobias Binnig, Thomas Holtkamp, Alfred und Bärbel Schäfer, Sascha Bendiks, Jan Hucklenbroich, Olaf Reuter, Christian Eggert, Sibylla Huerta Krefft, Alexia Agathos, Patrick Simon, Regina Leonhart und Jörg Mühle, der die wunderbaren Illustrationen beigesteuert hat.

Des Weiteren: Uta Grossmann und Astrid Hölscher von der ›Frankfurter Rundschau‹, Anja Iven, Georg Bungter, Volker Schaeffer, Hans Jacobshagen und Michael Lohse vom WDR, Kai König vom Coppenrath-Verlag, Daniela Altmeyer vom Internetportal ›Frauenzimmer.de‹ und vor allen anderen Julia Meola und Stephan Wessolek von der Zeitschrift ›Spielen & Lernen‹. Sie alle trugen durch die Möglichkeit, dass ich Texte aus dem vorliegenden Buch bei ihnen veröffentlichen durfte, dazu bei, dass Tom Sprechen und Laufen gelernt hat.

Schlussendlich danke ich meinen Eltern und vor allem und von Herzen meiner Familie: Gina, Marlis, Achim, Anton und Moritz – es ist größtes Glück, mit euch durchs Leben zu gehen!

Mark Twain, der Autor der schönsten Kinderbücher der Welt, hat einmal gesagt: »Die Wahrheit ist das Kostbarste, was wir haben. Gehen wir sparsam damit um!«

In diesem Sinne sei der Hinweis gestattet, dass es sich beim vorliegenden Buch um Fiktion handelt. Handlung und handelnde Personen sind frei erfunden. Jegliche Ähnlichkeit mit lebenden oder realen Personen wäre rein zufällig.

Dem geschuldet möchte ich mich abseits des Tummelplatzes der Erziehungsratgeber und Pädagogikbücher halten, er gleicht nicht selten einem Schlachtfeld, und einem solchen sollte man fernbleiben. Ich habe keine Ahnung, was »richtige Kindererziehung« ist, glaube aber, dass Liebe, Vertrauen und Zeit zu verschenken kein verkehrter Weg ist.

Ansonsten gilt der Satz Oscar Wildes, den er Lord Illingworth in ›Eine Frau ohne Bedeutung‹ sagen lässt

und der auch im ›Bildnis des Dorian Gray‹ steht: »Anfangs lieben Kinder ihre Eltern; wenn sie älter werden, halten sie Gericht über sie; manchmal verzeihen
sie ihnen.«

Ich bin guter Hoffnung.

J. J., im Frühjahr 2012

»Krieg ich schulfrei, wenn du stirbst?« ist erhältlich als
gekürztes Hörbuch, gelesen von Martin May
(ISBN 978-3-8371-1773-8)
Weitere Informationen: www.wortart.de

Informationen zum Autor: www.jessjochimsen.de